요강 닦는
교장 선생님

글·송재찬 외

청소년인성문고편찬회

바다 이야기

할머니가
나보고
바다 같은 사람이 되래요.

명주실 한 타래
다 풀어도 못 미칠
아득한 수평선

끝인가 하여
다가가 보면
또 그 만큼 멀어지듯이

퍼내어도 퍼내어도
샘솟는 사랑으로
다른 사람의 잘못을
일곱 번씩 일흔 번까지라도
용서해 주래요.

때로는 폭풍도 만나지만
다독거려 가라앉히고
온갖 거 다 품어도
모자람이 없으며
파란 하늘이 고여
하늘 마음을 가진
할머니가
나보고
바다 같은 사람이 되래요.

홍 기

바른 마음 키우기

　아이 엠 에프(IMF) 경제 한파 때문에 어려움을 겪고 있지만, 우리 나라는 세계 역사상 보기 드물게 발전한 나라라고 합니다. 그래서 한때는 떠오르는 '동양의 용'이라는 칭찬까지 받기도 했습니다.

　그러나 생각이 깊은 어른들은 우리 나라가 경제적으로는 발전했지만 정신적으로는 후퇴했다는 소리를 합니다. 이번 IMF 경제 위기가 터졌을 때도 외국 빚을 많이 쓰기도 했지만, 가장 근본적인 원인은 우리 국민들이 도덕적으로 타락했기 때문이라고 반성하는 소리도 있었습니다.

　그러면 어떻게 해야 할까요?

　마음을 바로 세우는 일이 중요합니다. 마음이 바르게 서야 바른 행동이 나오고 그래야 나라가 바르게 발전할 수 있습니다.

　이 책은 21세기를 살아갈 어린이들을 위한 바른 마음 키우기 책입니다. 꼼꼼하게 읽고 익힐 수 있는 인성 학습 자료일 뿐만 아니라, 읽을거리를 통한 논술 학습 자료로도 활용할 수 있도록 한 것이 이 책의 특징입니다.

　아무쪼록 어린이 여러분의 생각이 이 책으로 하여 더 자라고 마음이 풍요로워질 것을 바라 마지않습니다.

지은이 씀

차 례

이 책을 읽는 여러분에게

이 책을 읽을 때는

첫째, 등장 인물의 성격을 생각해 보세요. 인물의 성격은 그의 행동과 말에서 미루어 짐작할 수 있어요.

둘째는 왜 인물이 그런 행동을 하게 되었는지 그 원인과 결과를 생각해 보는 거예요.

셋째는, 이 글을 통하여 우리가 배울 점이 무엇인가 생각해 보는 거죠.

넷째는, 그 배울 점을 나는 어떻게 실천할까 계획을 세워 보는 거예요.

이 책을 세상에서 가장 귀한 책으로 만드는 것은 바로 어린이 여러분의 손에 달려 있어요. 이 책을 통해 우리 모두 아름답고 고운 마음씨를 키워 가도록 해요.

진정한 우정

옛날 이탈리아의 시칠리아 섬에 아주 난폭한 왕이 있었습니다. 디오니시우스라고 하는 그 왕은 모든 것을 자기 마음 내키는 대로 하였습니다.

"자, 오늘은 우리 모두 실컷 마시며 놀자."

느닷없이 이렇게 잔치를 베풀기도 하고, 자기 마음에 안 든다고 충성스런 신하를 감옥으로 보내기도 하였습니다.

디오니시우스의 난폭함은 날이 갈수록 심해져서 신하들은 그를 미워하고 두려워하였습니다. 못된 왕의 이야기는 백성들의 귀에까지 날아가서 모두 임금을 미워하였습니다.

사람들은 비밀히 모여, 어떻게 해서라도 이 못된 왕을 몰아내야 한다고 했습니다. 물론, 왕 편에 서서 왕의 사랑을 받는 신하도 있었지만, 대개의 신하들과 백성들은 디오니시우스가 없어지기를 바라고 있었습니다.

비티우스라는 청년도 바로 그런 사람 중의 한 사람이었습니다.

'때가 되었어. 더 이상 디오니시우스를 왕으로 섬길 수는 없어.'

어느 날 밤, 왕을 처치해야겠다고 생각한 비티우스는 단검을 가슴에 품고 성 주위를 살피고 있었습니다.

'오늘은 어떻게 해서라도 성 안으로 들어가야 할 텐데……'

그는 건물 그림자에 몸을 숨기며 기회를 노리고 있었습니다.

'옳지! 저 쪽이 비어 있구나. 저 쪽엔 순찰병이 없어.'

그는 잽싸게 성 가까이로 다가갔습니다.

"누구야? 손 들어!"

비티우스는 숨어 있던 순찰병에게 들키고 말았습니다.

"지나가는 사람입니다."

“그래?”

순찰병이 어둠 속에서 웃어 보였습니다.

“예, 집으로 가는 중이었지요.”

비티우스는 애써 태연한 척하였습니다. 그러나 어느 새 비티우스 주위에는 다른 순찰병들이 다가와 있었습니다.

“몸을 수색해 봐!”

순찰병들이 비티우스의 몸에서 단도를 찾아 내었습니다.

“아니? 당장 체포해!”

비티우스는 체포되어 왕 앞으로 끌려가게 되었습니다.

“너, 이놈! 바른 대로 대! 밤중에 왜 단검을 숨기고 다니느냐?”

비티우스는 이렇게 된 바에 당당하게 맞서겠다고 생각했습니다.

“당신을 쓰러뜨리고 이 나라 백성을 구하기 위해서였소.”

“뭐라고? 이놈을 당장 사형에 처하라!”

“마지막으로 부모님 얼굴이라도 볼 수 있게 사흘 간만 여유를 주시오.”

“그 따위 말로 날 속이려고? 허튼 수작 부리지 마.”

“정말이오. 나는 약속을 지킬 것이오.”

“하하하! 그 따위 말로 도망을 가겠다, 이거지?”

♥ 비티우스는 왜 왕을 죽이려고 하였습니까?

"정 내 말을 못 믿겠다면 내 친구를 인질로 붙잡아 두어도 좋소."

"친구를 인질로? 누가 너 대신 죽으려고 오겠느냐?"

"데이몬이라는 친구가 있는데, 그 친구는 나를 믿고 올 것이오."

"좋아. 데이몬이 온다면 너를 풀어 주마."

왕은 곧 사람을 시켜 데이몬을 데려오도록 하였습니다.

"왕의 명령이 아니고 비티우스가 찾는다고 하라. 비티우스가 사형에 처해진다는 이야기도 잊지 말고 하라."

사형수인 친구를 만난다는 것은 위험한 일입니다. 잘못하면 자기가 죽을지 모르니까요. 이럴 경우, 웬만한 사람이면 모른다 하고 오지 않는 법입니다. 왕도 그걸 알고 있기 때문에 그렇게 전하라 한 것입니다.

아, 그런데 데이몬이 온 것입니다. 왕은 깜짝 놀랐습니다.

"데이몬, 비티우스가 사흘 안에 돌아오지 않으면 네가 대신 죽는 거야."

"전하, 저는 비티우스를 믿습니다. 그는 절대 거짓말을 하지 않습니다. 저를 인질로 붙잡고 비티우스를 풀어 주십시오. 그는 부모님께 작별 인사를 드리고 반드시 돌아올 겁니다."

“좋다. 오늘부터 사흘째 되는 날, 해가 떨어져도 비티우스가 돌아오지 않는다면 데이몬을 사형에 처하겠다.”

“감사합니다, 전하. 데이몬, 꼭 돌아올 테니 걱정 말고 기다리게.”

“비티우스, 내 걱정 말고 빨리 떠나게.”

마침내 비티우스는 고향으로 떠났습니다. 부모님은 물론, 마을 사람들까지 찾아다니며 모두 인사를 하였습니다. 사흘째 되는 날, 비티우스가 왕궁으로 떠나는 날입니다. 비가 장대같이 내렸습니다. 마치 길 떠나는 비티우스를 방해하는 것처럼. 그러나 비티우스는 장대비를 뚫고 계속 달렸습니다.

‘데이몬, 내가 간다. 조금만 더 참아 주게.’

큰 강 앞에 다다랐습니다. 이제 이 강만 건너가면 왕궁은 가까워집니다. 해가 떨어지기 전에 충분히 왕궁에 도착할 수 있습니다. 그런데 이 일을 어쩌면 좋을까요? 강에 놓인 다리란 다리는 모두 떠내려가고 없었습니다.

‘데이몬! 이 일을 어쩌지?’

비티우스는 그러나 망설일 수가 없었습니다. 물 속으로 뛰어들었습니다. 그러는 사이 뉘엿뉘엿 해가 지고 있었습니다.

“아, 하느님!”

♥ 왕은 비티우스의 마지막 소원을 들어 주는 대신 누구를 잡아 두었습니까?

한편, 저녁 노을이 져도 비티우스가 나타나지 않자 데이몬은 형장으로 끌려갔습니다. 왕이 '그러면 그렇지.' 하는 미소를 지으며 데이몬을 보았습니다.

"봐라, 데이몬. 너는 비티우스에게 속은 것이야. 그놈은 지금 어디에 숨어서 너를 지켜 보고 있을 것이다."

"왕이시여, 조금만 더 기다리면 그 친구는 꼭 올 것입니다."

"온다고? 봐라. 곧 해가 떨어진다! 해가 떨어지면 나는 기다리지 않고 너를 사형에 처하겠다. 그래도 좋으냐?"

"좋습니다. 비티우스가 살 수 있다면 그렇게 하겠습니다."

"흥, 그래? 좋다. 여봐라! 이놈을 사형시킬 준비를 하라!"

해는 마침내 떨어지고 말았습니다.

사람들이 웅성거리는 가운데 데이몬의 눈은 가려졌습니다. 그런데 그 때였습니다.

"잠깐! 잠깐만 기다려 주시오!"

아, 비티우스가 땀에 흠뻑 젖은 몸으로 형장으로 뛰어들어 왔습니다.

"왔다! 그가 왔다. 비티우스다!"

사람들은 탄성을 지르며 길을 비켜 주었습니다. 비티우스는 왕 앞으로 달려가 쓰러지며 말했습니다.

"큰비가 쏟아져 다리가 다 떠내려가는 바람에 늦었습니다. 이제 데이몬을 풀어 주고 저를 죽이십시오."

이윽고 비티우스의 말에 감동받은 왕이 입을 열었습니다.

"나는 지금까지 여러 사람들을 보아 왔소. 사람들은 대개 믿을 수 없소. 그런데 이 두 사람의 우정을 보시오. 나는 우정의 아름다움을 보여 준 이 두 사람을 모두 풀어 주겠소!"

왕의 말에 시민들은 박수를 보냈습니다.

비티우스와 데이몬은 얼싸안고 뜨거운 눈물을 흘렸습니다.

💙 만약 비티우스가 사형 시간에 오지 못했다면 어떤 일이 벌어졌을까요?

'우의'란 친구 사이의 사랑을 말합니다. 진정한 친구란 서로를 잘 이해하고
어려움도 함께 나눕니다.

우립 하나 때문에

호조 판서는 나라의 살림을 맡아 보는 벼슬 자리입니다.

판서 가운데서도 호조 판서 자리를 오래 맡기 힘든 것은, 그 자리가 약속을 철저히 지켜야 하고, 거짓말을 해서는 안 되며, 나랏돈을 한 푼이라도 함부로 쓰거나 축내서는 안 되기 때문입니다. 그러므로 벼슬아치들도,

"호조 판서 자리는 정말 어려워요. 안 그렇습니까?"

라고 말할 정도였습니다.

"그러고 보면 정홍순이라는 분은 참으로 대단한 분이지요.

♥ 호조 판서는 어떤 일을 하는 벼슬입니까?

1년도 하기 힘든 그 자리를 무려 10년이나 했으니 말입니다.”

“그만큼 철저했기 때문이야. 그분은 작은 약속 하나도 반드시 지킨 분이지.”

정홍순, 그는 조선 영조 시대의 이름난 호조 판서였습니다. 그가 과거에 급제하기 전에 있었던 이야기입니다.

임금께서 동구릉으로 행차를 하시던 날, 정홍순도 많은 구경꾼들 사이에 끼여 임금의 행차를 구경하고 있었습니다.

마침 장마철이어서 정홍순은 우립(갈삿갓—쪼갠 갈대로 만든 삿갓. 우산 대신 쓰던 모자)을 쓰고 있었습니다. 그런데 갑자기 비가 쏟아졌습니다.

“두 개 쓰고 갔다가 비가 오거든 없는 사람에게 하나 빌려 주렴.”

아침에 나올 때 그는 부처님을 믿는 할머니의 가르침대로 여느 때와 마찬가지로 두 개의 우립을 쓰고 있었습니다.

비 때문에 갈팡질팡하는 사람들 중에서 정홍순은 한 젊은 이에게 말을 걸었습니다.

“마침 우립을 두 개 가지고 왔는데 하나 쓰시겠소?”

“그렇습니까? 하나 빌려 주시면 고맙겠습니다. 나중에 꼭 돌려 드리겠습니다.”

“자, 여기 있습니다. 얼른 쓰십시오.”

“정말 고맙습니다. 아침만 해도 갤 것 같아서 그냥 왔더니……”

“장마철이니 믿을 수가 없지요. 어느 쪽으로 가지요?”

"저 쪽으로 갑니다."

"마침 잘 되었군요. 우리 마을도 그 쪽으로 가야 합니다."

"장마철이어서 우립을 준비한 것은 이해가 갑니다만 어떻게 두 개씩이나 준비하셨나요?"

"우리 할머니 불심 때문이지요. 항상 남에게 자비를 베풀 준비를 하라고 하셔요. 아침에도 내가 우립 하나를 머리에 썼더니, 이왕이면 하나 더 가지고 갔다가 없는 사람에게 빌려 주라고 하시더군요."

"할머니 때문에 저까지…… 참 고마우신 분입니다."

젊은이와 이런저런 이야기를 하면서 오는 동안 서로 헤어져야 할 갈림길에 이르렀습니다.

"이 우립은 내일까지 꼭 가져다 드리겠습니다."

"그래 주시겠습니까? 요즘은 비가 자주 와서 우립이 필요하답니다."

"자, 그럼 전 이제 이 길로 가야 합니다. 안녕히 가십시오."

"안녕히 가십시오. 오늘 이야기를 하며 오느라 심심하지 않아서 좋았습니다."

그런데 이튿날, 날이 개었지만 그 젊은이는 우립을 가져오지 않았습니다. 이틀 사흘이 지나도 우립이 돌아오지 않자 정홍순은 직접 그 젊은이가 사는 마을을 찾아갔습니다.

"아이구, 정말 죄송합니다. 사돈이 그 우립을 쓰고 가 버렸습니다. 사흘만 더 기다려 주십시오. 제가 꼭 찾아다 돌려 드리겠습니다."

"사흘이면 되겠습니까? 아예 꼭 돌려 줄 수 있는 날을 정하시지요."

"사흘이면 충분합니다. 무슨 일이 있더라도 제가 꼭 가져다 드리겠습니다."

젊은이는 철석같이 약속했습니다. 그러나 사흘에 또 사흘이 지나도 그 우립은 돌아오지 않았습니다. 하루를 더 기다렸다가 정홍순은 다시 그를 찾아갔습니다.

"어떻게 된 겁니까?"

"그 우립 하나 때문에 또 오신 거요?"

우립을 빌려 갔던 그 젊은이는 이번엔 못마땅한 얼굴로 투덜거렸습니다. 그러다가 다 떨어진 우립 하나를 들고 나와서는 불쾌한 투로 말했습니다.

"나중에 우립 장수가 지나가면 새 것을 사 줄 테니 이거라도 가져가려면 가져가시오."

"내가 언제 새 우립을 사 달라고 하였나요?"

♥ 우립을 빌려 간 젊은이는 어째서 우립을 돌려 줄 수 없었을까요?

"그까짓 우립 하나 가지고 이렇게 몇 차례씩 귀찮게 구니 그렇지요."

"그까짓 우립 하나라니요? 그걸 빌려 쓰던 때는 언제고, 이제 와서 우립 장수가 지나가면 새 것을 사 준다니 말이 됩니까?"

"거참, 우립 하나 가지고 되게 그러시네요."

젊은이는 되려 짜증을 내었습니다.

"나는 우립 하나보다 신의(서로 믿는 마음과 의리)를 돌려 받고 싶은 거요. 그 사돈댁이 어디요? 내가 가서 우립을 찾아오겠소."

"정말 그렇게까지 하시겠소? 그러지 말고 며칠만 기다려 주시오. 내가 꼭 찾아다 드리리다."

"이제는 그 말을 못 믿겠소."

정흥순은 백릿길을 직접 걸어가 빌려 주었던 우립을 찾아왔습니다.

이런 일이 있고 나서 20년이 지났습니다. 정흥순은 호조 판서가 되어 나라 살림을 하고 있었습니다.

그러던 어느 날이었습니다.

"저 나리, 새로 부임한 호조 좌랑 어른께서 인사를 하러 오셨는데요."

밖에서 하인이 공손히 말했습니다.

"안으로 모셔라."

호조 좌랑은 하인의 안내를 받으며 조심스럽게 안으로 들어왔습니다. 그런데 가만히 보니 어디선가 많이 본 얼굴이었습니다.

'맞아, 바로 그 젊은이야. 우립을 빌려 간 사람, 아니 우립을 돌려 주지 않은 사람.'

호조 좌랑은 허리를 굽혀 절을 하려 하였습니다.

"잠깐 기다리게."

정흥순의 말에 호조 좌랑은 주춤했습니다.

"20년 전 우립 하나를 기억하는가? 비 오던 날……."

호조 좌랑의 얼굴이 새빨개졌습니다. 설마 이렇게 다시 만날 줄은 몰랐던 겁니다.

"돌아가게. 우립 하나를 두고도 약속을 못 지키는 사람에게 어찌 나라의 큰 주머니를 맡기겠는가? 나는 그런 사람을 밑에 두고 싶지 않네."

정흥순은 냉정하게 말하며 그를 돌려 보냈습니다. 20년 전의 우립 하나 때문에 생긴 일입니다.

💙 호조 판서는 새로 부임한 호조 좌랑의 인사를 받지 않았습니다. 왜 그랬을까요?

'약속'이란 어떤 일에 대하여 상대방과 서로 결정하여 두는 것을 말합니다. 약속을 지키는 것은 현대인의 기본 예절입니다.

명언 한 마디 안 마디!

약속을 쉽게 하지 않는 자는 그 실행에서는 가장 충실하다.

- 루소 -

약속이란 지키는 데 의미가 있습니다. 사람이 사회 생활을 하는 데 있어 얼마나 약속을 철저히 지키느냐 하는 것은 곧 그 사람의 신용장이나 마찬가지입니다. 신용이 없는 사람이 온전히 사회 생활을 해 나갈 수 없는 것은 너무나 뻔한 일입니다. 그러므로 지키지 못할 약속을 함부로 하여서는 안 됩니다. 그리고 일단 약속을 한 일에 대해서는 어떤 일이 있더라도 지키는 사람이 되어야 합니다.

17번의 프로포즈

"마크 트웨인 씨, 유럽 여행기를 우리 신문에 연재하는 게 어떻겠소? 모든 경비는 우리 신문사에서 대겠습니다."

미국의 소설가 마크 트웨인은, 어느 날 어떤 신문사로부터 이런 전화를 받았습니다. 이제 막 유명해지기 시작한 마크 트웨인으로서는 싫다 할 이유가 없었습니다.

"좋습니다, 하지요. 제 여행기는 얼마 동안 신문에 연재하게 되나요?"

"반 년 정도요. 떠나겠습니까?"

“떠나다마다요. 그렇지 않아도 좀더 멀리 여행을 떠나고 싶었거든요.”

“잘 되었군요. 그럼 신문사에 한 번 들러 주세요. 구체적으로 이야기를 합시다.”

마크 트웨인은 이렇게 해서 유럽 여행길에 올랐습니다. 유럽으로 떠나는 배에는 다른 사람들도 많았는데, 그 중에는 찰스 랭그돈이라는 사람도 있었습니다.

그는 뉴욕에 있는 대실업가의 아들로, 그 자신도 청년 실업가로 활약하고 있었습니다. 그는 마크 트웨인이 쓴 소설을 즐겨 읽는 독자이기도 했습니다.

“참 반갑습니다. 제가 좋아하는 작가 선생님과 같은 배를 타고 여행하게 되다니 정말 영광입니다.”

찰스 랭그돈은 트웨인과 여행하게 되어 몹시 기뻐하였습니다. 트웨인도 그 청년이 마음에 들었습니다.

“언제 제 방으로 놀러 오시지요.”

찰스 랭그돈이 트웨인을 초대했습니다.

“그러지요.”

이렇게 해서, 어느 날 트웨인은 찰스 랭그돈의 선실로 찾아갔습니다.

"어서 오세요. 자, 여기 앉으세요. 제가 좋은 술을 준비했습니다."

"고맙습니다."

두 사람은 유쾌한 시간을 보냈습니다. 그러다가 트웨인은 벽에 걸려 있는 아름다운 여인의 사진을 보았습니다. 그 사진을 보는 순간 트웨인의 심장은 멎을 것만 같았습니다.

"아주 아름다운 분이군요. 애인인가요?"

"저 사진요? 아닙니다. 제 동생입니다."

"저렇게 예쁜 동생이 있었나요?"

"예쁘지요? 올리비아예요."

'올리비아, 찰스 올리비아.'

트웨인은 그 날 어떻게 자기 방으로 돌아왔는지 제 정신이 아니었습니다. 마음 속에는 온통 올리비아 생각뿐이었습니다. 사진을 보는 순간부터 트웨인의 마음에는 그녀를 사랑하는 마음이 싹트고 만 것입니다.

트웨인은 이튿날부터 날마다 찰스 랭그돈의 선실을 찾아가 놀았습니다. 겉으로 보기에는 찰스 랭그돈을 찾아가는 것이었고, 속으로는 올리비아의 사진을 보러 가는 것입니다.

'아무리 봐도 당신처럼 아름다운 여자는 처음이요.'

♥ 마크 트웨인은 올리비아를 어디서 처음 보았습니까?

트웨인은 사진을 보며 사랑을 키워 나갔습니다.

몇 달 후 유럽 여행을 모두 끝내고 났을 때, 트웨인은 꿈 같은 초대를 받았습니다. 뉴욕의 찰스 랭그돈이 저녁 만찬에 초대한 것입니다.

'어쩜 올리비아를 만날지도 몰라?'

트웨인은 멋지게 차려 입고 약속 장소로 갔습니다.

"어서 오세요. 이 아가씨가 바로 내 동생 올리비아요."

"알고 있습니다. 한눈에 알아보았지요. 저는 마크 트웨인입니다."

"알고 있어요. 오빠에게 이야기를 많이 들었어요."

마크 트웨인과 올리비아는 자연스럽게 어울리게 되었습니다. 올리비아를 실제로 보니 마크 트웨인의 마음은 더없이 기뻤습니다.

'올리비아는 하느님이 내 아내로 보내 주신 여자야. 어떻게 해서라도 올리비아와 결혼할 테야.'

마크 트웨인의 마음은 완전히 올리비아에게 쏠리고 말았습니다. 어떻게 해서든 그녀와 결혼하겠다고 결심했습니다.

그 후, 마크 트웨인과 찰스 랭그돈은 더욱 친한 사이가 되었고, 찰스 랭그돈의 집에도 마음대로 드나들 수 있게 되었습니다.

어느 날 저녁, 마침내 마크 트웨인은 올리비아의 아버지에게 조심스럽게 말을 꺼냈습니다.

"어르신, 저는 올리비아를 누구보다도 사랑하고 있습니다. 결혼하게 해 주세요."

그러나 올리비아의 아버지는, 유명하기는 하지만 가난한 소설가에게 딸을 시집보내려고는 하지 않았습니다. 그러기는 딸의 마음도 마찬가지였습니다. 올리비아는 마크 트웨인에게 호감을 갖고 있기는 했지만 결혼까지는 생각하지 않고 있었습니다.

마크 트웨인은 크게 실망했습니다. 그러나 이대로 물러설 수는 없었습니다.

'어떻게 해서든지 나는 올리비아의 마음을 돌려 놓을 거야. 올리비아만 좋다고 하면 아버지의 마음을 바꾸기는 쉬울 거야.'

마크 트웨인은 혼자서 이 궁리 저 궁리를 하기 시작했습니다.

'지성이면 감천이라고 끈기를 가지고 끝까지 해 보자.'

마크 트웨인은 한 가지 꾀를 냈습니다. 랭그돈의 집에서 나와 집으로 가려고 마차를 탈 때, 마크 트웨인은 일부러 마차에서 떨어지고 말았습니다.

"으앗!"

"선생님!"

마차를 모는 마부는 깜짝 놀랐습니다. 마크 트웨인을 부축하여 옮기려고 했지만 마크 트웨인은 꼼짝할 수 없었습니다. 진짜 허리를 다친 것입니다.

"아, 아, 허리를 다쳤나 봐요."

마크 트웨인은 신음 소리를 내며 몹시 고통스러워했습니다.

“조금만 참고 기다려 주세요. 들것을 가지고 올게요.”

마부가 집 안으로 옮겨 주어 치료를 받기 시작했습니다. 2주일이나 묵으며 치료를 받는 동안, 마크 트웨인은 17번이나 올리비아에게 결혼해 달라고 하였습니다.

“나는 부자가 아닙니다. 그러나 누구보다 올리비아 당신을 사랑해요. 나와 결혼해 주세요. 다른 사람과는 누구와도 결혼하고 싶지 않아요.”

마크 트웨인은 자신의 마음을 전하기 위해 최선을 다했습니다.

“제가 그렇게 좋으세요?”

“그렇습니다, 올리비아.”

“영원히 저를 사랑할 수 있겠어요?”

“그럼요. 죽을 때까지 그대만을 사랑할 겁니다. 저와 결혼해 주세요.”

“좋아요. 마크 트웨인, 당신의 결혼 신청을 받아들이겠어요. 당신의 끈기가 저를 감동시켰어요. 아버지의 마음은 제가 바꾸어 놓겠어요. 이제 아무 걱정 마세요.”

마침내 올리비아의 승낙이 떨어졌습니다.

그 후 마크 트웨인과 올리비아의 결혼 생활은 아주 행복했습니다.

♥ 올리비아는 마크 트웨인의 어떤 점이 마음에 들었을까요?

'끈기'란 끝까지 해내는 힘을 말합니다. 자신의 목표를 향해 끈기 있게 최선을 다하는 성실한 사람은 아름답습니다.

겸손한 예술가

화가 이중섭, 그는 우리 나라에서 내세울 수 있는 위대한 화가 중의 한 사람입니다.

그는 지금 이 세상 사람이 아닙니다. 하지만 그가 남긴 많은 그림들은 지금도 빛을 발하며 '이중섭의 그림'임을 세상 사람들에게 알리고 있습니다.

그는 이 땅에 살 때, 가난하게 살았습니다. 그래서 은박지에도 그림을 그렸는데, 그 그림이 지금은 국제적으로 유명한 그림이 되어 있습니다.

그는 어른이지만 소년처럼 순수하게 산 사람으로 유명합니다. 그는 또한 살아 있을 때보다 죽은 후에 더 유명해진 것으로도 유명하며, 그의 부인이 일본 사람이라는 점으로도 유명합니다.

그는 일본에서 그림 공부를 할 때, 일본 여자 마사코를 알게 되었고, 결국은 그녀를 아내로 맞아들였습니다.

그가 그림에 매달리는 정신은 대단했습니다. 그는 있는 힘을 다해서 그림을 그렸습니다.

이중섭은 가난한 생활 속에서도 그림을 그린 참으로 고독한 화가였습니다. 아내 마사코는 일본에 살고 있던 때로, 그 혼자 한국에서 그림을 그릴 때의 이야기입니다.

돈을 받고 그림을 파는 것을 싫어했던 그였지만, 그리운 아내가 있는 일본으로 가려면 여비가 있어야 했습니다. 그래서 할 수 없이 개인전을 열기로 하였습니다.

이미 이중섭의 이름이 알려져 있었기 때문에, 그의 전람회에는 항상 많은 사람들이 찾아왔습니다. 사람들은 그림을 보며 칭찬을 아끼지 않았고, 그림을 사겠다고 약속을 하기도 했습니다.

"저 그림이 참 좋군요. 저 그림을 사고 싶습니다."

“나는 저 그림을 사고 싶어요.”

그림을 보러 온 사람들은 만족스런 얼굴로 그림을 계약하였습니다.

그런데 참 이상한 것은 그림을 그린 화가의 모습이었습니다.

“고맙습니다. 좋은 그림을 사게 되어 고맙습니다.”

하고 그림을 사 가는 사람들이 인사를 하면

♥ 돈을 받고 그림을 파는 것을 싫어했던 이중섭이
전람회를 열게 된 까닭은 무엇일까요?

"안녕히 가십시오. 고맙습니다."

하고 인사를 하는 게 아니라, 그는 늘 이렇게 말했습니다.

"죄송합니다. 다음에 더 좋은 그림을 그리게 되면 바꿔 드리겠습니다."

보다 못한 다른 화가 친구가 그를 나무랐습니다.

"자네, 왜 그러나? 그렇게 열심히 그렸고 평론가들도 좋다고 하는 그림인데 왜 자꾸 미안하다고 해?"

"여보게, 난 지금 사기를 치고 있다네."

"사기를 치다니? 자네가 사기를 친다구?"

"그래. 난 지금 사기를 치고 있어."

이중섭의 말에 친구는 어이가 없어 따지듯 말했습니다.

"지금 코메디 하는 거야? 사기는 자네가 그 동안 여러 번 당했지 않은가? 마음씨가 너무 좋아서 말야. 근데 사기를 쳤다니 그게 무슨 소리야?"

"자네도 지금 보고 있잖은가? 내가 그린 그림들을 사람들이 사 가고 있잖은가?"

"당연하지. 그러려고 전람회도 열고 그런 것 아닌가?"

"그게 바로 사기라는 거지."

"도대체 무슨 소리야?"

"이런 걸 그림이라고 파니까 사기지. 이런 걸 그림이라고 걸어 놓고 전람회를 여는 것도 부끄러운데 돈까지 받으며 파니 사기지 뭐야."

"뭐라고? 나 참 어이가 없어서……. 자네가 사기면 다른 화가들도 죄다 사기야. 자네보다 못한 사람들도 모두 떳떳하게 그림을 파는데 무슨 소리야. 앞으로는 그런 농담 하지 말게."

"알았네, 알았어. 허허."

전람회장에서 이런 이야기를 주고받는데, 또 손님이 와서 그림을 둘러보기 시작했습니다.

"그림을 살 부인 같지?"

화가 친구가 조용히 속삭이듯 말했습니다.

"글쎄……. 그림을 굉장히 좋아하는 분 같아."

얼마 후에 그림을 다 둘러본 부인이 조용히 다가와 인사를 했습니다.

"그림들이 참 좋네요. 한 폭 사고 싶어요."

"그러시겠습니까? 그림이 좋지는 않습니다."

이중섭은 또 자기 그림을 낮추어 말했습니다. 옆에 있던 화가 친구가 그러지 말라고 눈짓을 했습니다.

💙 왜 이중섭은 자기의 그림을 사 가는 사람들에게 미안해하였습니까?

“어떤 그림을 고르셨나요?”

“저기 저 그림요. 아이들이…….”

“그 그림은 이미 팔린 그림입니다.”

“어머, 그래요? 그러면 저기 저 그림은 어떤가요?”

“네 그러시지요.”

“정말 좋은 그림들이어요. 정말 영광입니다.”

그림을 사게 된 부인은 기쁨을 감추지 못한 채 말했습니다.

“별 말씀을요. 보잘것 없는 그림을 사 주셔서 고맙습니다. 제가 나중에 더 좋은 그림을 그리게 되면 바꾸어 가십시오.”

“어떻게 그렇게…….”

부인은 지금껏 여러 전람회를 다녀 보았지만 이런 화가는 처음이었습니다.

“선생님은 너무 겸손하시군요.”

“아닙니다, 부인. 제 솔직한 마음이 그렇습니다. 제 그림들은 아직 공부가 덜 된 아직 부족한 그림들입니다. 앞으로 정말 멋진 걸작을 그려 오늘 그림과 바꾸어 드리겠습니다.”

부인은 매우 기분 좋은 얼굴이었습니다. 아직 부족한 그림이라고 화가가 직접 이야기하는 데도 여전히 웃음을 머금고 있었습니다.

‘그림도 좋지만 겸손한 화가의 마음이야말로 다시 만나기 힘든 걸작이야.’

부인은 나중에 그림을 찾으러 오겠다며 전람회장을 떠났습니다. 부인이 떠나자 친구인 화가가 또 잔소리를 늘어놓았습니다.

“자기 입으로 자기 그림을 내리깎으면 어떡해? 나 같으면 사려고 하다가도 안 사겠다.”

“부족한 그림이니까, 부족하다고 할 수밖에.”

둘은 이러니저러니 하다가 또 허허 웃고 말았습니다.

이중섭 선생은 이처럼 한 폭의 그림을 팔면서도 늘 겸손하게 자기 그림을 부족하고 공부가 덜 된 것이라고 겸손하게 말했습니다.

그처럼 겸손했던 이중섭 선생.

지금은 우리 미술사에 큰 발자국을 남긴 위대한 화가, 한국을 빛낸 훌륭한 화가로 남아 있습니다.

그가 그린 여러 그림 중에서도 소 그림은 아주 유명합니다. 사람들은 이중섭 하면 으레 ‘아, 소 그림……’ 하고 이야기합니다. 그 그림은 미술 교과서에도 실려 있습니다.

♥ 이중섭은 자기의 그림을 사 가는 사람에게
미안해하며 뭐라고 하였습니까?

겸 손

'겸손'이란 남을 존중하고, 자기를 내세우지 않는 태도를 말합니다,
겸손은 바로 인격 수양의 시작입니다,

명언 한 마디!

벼는 익을수록 고개를 숙인다.

- 한국 속담 -

사람이 스스로 자신을 낮추는 것이 겸양입니다. 사람이 상대를 높이는 겸양의 덕을 갖추기란 쉽지 않습니다. 겸손한 사람은 언제나 다른 사람의 장점을 배울 여유를 가지고 있고, 끊임없이 자신의 모자람을 채우기 위해 열심히 공부합니다. 그렇기 때문에 다른 사람의 존경을 받는 훌륭한 인격의 소유자가 될 수 있습니다. 자신을 자랑하기에 앞서 남을 칭찬하고 스스로 겸손해할 줄 아는 사람이 되어야겠습니다.

요강을 닦다 교장이 된 이승훈

오산 중·고등 학교를 세우고, 많은 애국자들을 길러 낸 이승훈 선생은, 어린 시절 아주 어렵게 살았습니다. 나라를 일본에 빼앗겼을 때라 모든 사람들이 어려움을 겪고 있었지만, 특히 이승훈의 가정은 먹을 것이 없을 정도로 가난했습니다.

어느 날, 어린 승훈이를 아버지가 불렀습니다.

"아버지, 부르셨어요?"

"그래. 들어와서 내 말 좀 들어 봐라."

승훈은 예의바르게 아버지 앞에 무릎을 꿇었습니다.

"승훈아, 배고프지?"

예상치 못한 물음 앞에 승훈은 멍하니 아버지를 쳐다보았습니다. 뭐라고 대답해야 할까 망설이던 승훈은 자기도 모르게 고개를 끄덕였습니다.

"그래서 너를 이웃 마을에 있는 부잣집에 보내기로 했다."

아버지는 부잣집과 이미 다 약속을 했다며, 일어서라고 하였습니다. 어린 승훈을 부잣집에 맡겨 놓고, 아버지는 곧 떠났습니다.

이렇게 해서 승훈은 하루 아침에 남의 집에서 살게 되었습니다. 그러나 어린 승훈이가 할 일은 별로 없었습니다.

"승훈아, 점심 먹어라."

마음씨 좋은 하인들은 끼니 때만 되면 승훈이를 부르며 배불리 먹도록 밥을 주었습니다.

"아저씨, 저도 일을 시켜 주세요. 아버지가 열심히 일을 하라고 했어요."

"괜찮다. 네가 할 일은 없어. 할아버지 가까이에서 놀다가 할아버지 심부름이나 잘 해 드려라."

고작 이런 심부름이 전부였습니다. 그러던 어느 날, 승훈이는 아버지의 말씀을 떠올렸습니다.

'승훈아, 사람은 자기 스스로 일을 찾아 해야 한다.'

승훈은 그 때부터 생활 태도를 바꾸기로 결심했습니다.

'먼저 할아버지 재떨이를 깨끗하게 해 드리자.'

주인 할아버지의 재떨이에는 언제나 담뱃재가 수북하고, 주위는 떨어진 담뱃재로 지저분했습니다.

승훈은 볏짚과 모래로 놋쇠 재떨이를 빡빡 문질렀습니다. 한참 후에 재떨이는 반짝거리는 새 재떨이가 되었습니다.

"아니, 누가 새 재떨이를 가져다 놓았니?"

주인 할아버지는 깜짝 놀라, 방 청소를 하는 하인에게 물었습니다.

"새 것이 아니고 승훈이가 아까 깨끗이 씻어다 놓았습니다."

“그래? 그놈 야무지기도 하다. 어린 놈이 밥값을 단단히 하는구먼.”

주인 할아버지는 그 날부터 어린 승훈을 눈여겨보기 시작했습니다. 승훈은 하루도 빼먹지 않고 재떨이를 깨끗이 씻어다 놓았습니다. 재떨이뿐만 아니라 할아버지가 방에서 쓰는 요강도 정성껏 닦아다 놓았습니다.

주인 할아버지는 말은 안 했지만 아주 기뻐하였습니다.

‘고놈 참 기특하다. 어린 애가 일을 찾아서 한단 말이야. 어른들도 요강을 치울 때는 대강 물로 씻어만 내는데, 저놈은 아주 말끔하게 닦아다 놓으니 냄새가 안 나. 새 요강이 되었어.’

할아버지는 어느 날 승훈을 불렀습니다.

“승훈아, 네 소원이 무엇인지 이야기해 보아라. 네가 아주 열심히 일하니, 고마워서 내가 네 소원을 들어 주려 한다. 어려워 말고 이야기해 봐라.”

“할아버지, 정말 아무거나 이야기해도 돼요? 야단치지 않으실 거예요?”

“그래. 야단치지 않으마. 뭔데?”

“할아버지, 제 소원은 공부를 하는 거예요.”

"뭐라고? 공부가 하고 싶다고?"

할아버지는 엉뚱한 대답에 잠시 뭔가를 생각하더니, 아주 시원스럽게 말했습니다.

"공부를 하고 싶다면 해야지. 그래, 네 소원대로 공부를 하도록 해라."

"할아버지, 고맙습니다."

주인 할아버지의 덕분으로 어린 승훈은 서당에 다니게 되었습니다. 승훈은 열심히 공부하였습니다. 그래서 1등을 하게 되었습니다.

"승훈이를 봐라. 어리지만 열심히 해서 어느 새 우리 서당에서 제일 공부 잘 하는 아이가 되었다."

서당 선생님은 아주 기뻐하시며 승훈을 칭찬해 주셨습니다.

어느덧 승훈은 의젓한 청년이 되었습니다. 그런 승훈을 보는 주인 할아버지는 흐뭇했습니다. 그래서 어느 날, 승훈을 앉혀 놓고 말했습니다.

"승훈아, 그 동안 정말 수고 많이 했다. 많은 사람들을 보았지만 너처럼 성실한 사람은 내 처음 본다. 이제는 학문도 쌓을 만큼 쌓았으니 네 스스로 네 앞날을 개척해 봐라. 지금처럼 노력하면 못할 게 없을 것이다. 이 돈으로 무엇이든 해 봐라."

💙 어린 머슴에 불과했던 이승훈이 서당에서 공부할 수 있었던 까닭을 정리해 봅시다.

"모두 어르신의 은혜입니다. 공부시켜 주시고 이렇게 돈까지 주시다니요."

"다 네가 성실해서 주는 거다. 내가 아무에게나 돈을 주겠니?"

"고맙습니다. 꼭 성공해서 은혜를 갚겠습니다."

젊은 승훈은 할아버지 집을 나와 평양으로 갔습니다. 처음에 그는 조그만 포목 가게를 내었습니다.

'재떨이를 닦고 요강을 닦는 마음으로 열심히 하자.'

성실하고 약속 잘 지키는 승훈의 가게는 날로 번창했습니다. 몇 년 후에 승훈은 평양에서 내로라 하는 큰 가게 주인이 되어 큰 돈을 벌었습니다.

큰 돈을 벌어 부자가 되었지만 승훈은 뽐내지 않았고 항상 검소했습니다.

'이제 돈을 벌었으니 뭔가 보람 있는 일을 하고 싶어.'

그러던 어느 날, 이승훈은 도산 안창호 선생의 강연을 듣고 큰 감동을 받았습니다. 도산 안창호 선생은 강연을 통해,

"나라의 앞날을 위해서 훌륭한 사람들을 많이 길러 내야 합니다. 그래야 나라가 삽니다."

하고 인재 양성 즉, 교육의 중요성을 강조했습니다.

'바로 저거다! 학교를 세우자. 그래서 나라를 위해 일할 수

💙 이승훈 선생이 학교를 세운 것은 누구의 영향입니까?

있는 인재를 길러 내자.'

이승훈은 전 재산을 털어 오산 중·고등 학교를 세웠습니다. 그리고 교장이 되어 학생들에게 애국심을 길러 주었습니다.

마침내 제1회 졸업식 날, 그는 학교를 떠나는 졸업생들에게,

"졸업생 여러분, 요강 닦는 사람이 됩시다!"

하고 큰 소리로 말했습니다.

졸업생들은 깜짝 놀랐습니다.

'공부를 열심히 한 우리에게 요강을 닦으라니?'

의아해하는 학생들에게 이승훈 교장은 천천히 요강에 얽힌 이야기를 하기 시작했습니다. 이야기를 들으며 졸업생들은 고개를 끄덕였습니다.

이승훈 교장은 오산 중·고등 학교를 통해 많은 애국자를 길러 내었습니다. 평생을 교육에 힘써 온 이승훈 선생은 죽기 직전에 아주 유명한 유언을 남겼습니다.

"내가 죽거든 내 몸을 땅에 묻지 말고 내 시체로 골격 표본을 만들어, 오산 학교 학생들이 공부하는 데 도움이 되도록 하시오."

이 유언은 지금 서울 보광동에 있는 오산 중·고등 학교 교장실에 걸려 있습니다.

♥ 이승훈 선생이 죽기 전 마지막으로 한 말은 무엇입니까?

'성실'이란 모든 일에 정성을 다하고 거짓 없이 참되게 하는 것을 말합니다.

허파에 바람이 들었군요. 조심해야지요.

감사해서 너무나 감사해서

비바람이 온 세상을 뒤흔들고 있었습니다. 여기는 미국의 필라델피아.

장대 같은 비는 그칠 줄 모르고 쏟아지고, 바람은 가로수까지 뽑겠다는 듯 거세게 불어 대었습니다.

"정말 큰일났군. 비가 이처럼 오는데 호텔에 빈 방은 없고……."

나이가 꽤 되어 보이는 부부가 아까부터 방을 구하기 위해 이 호텔 저 호텔을 찾아다니고 있었습니다.

“여보, 저기 호텔이 있어요.”

“저 호텔에도 방이 없으면 어쩌지요?”

“그런 소리 말고 찾는 데까지 찾아봅시다. 아무렴 이 넓은 필라델피아에 우리가 묵을 방 하나 없겠소?”

남편은 이미 지쳐 버린 아내를 위로하며 또 다른 호텔을 찾아가 물었습니다.

“하룻밤 묵어 갈 방이 있나요?”

“없습니다. 오늘은 필라델피아에 큰 행사가 여러 개 있어서 예약하지 않은 분은 방을 못 구할 겁니다.”

종업원은 신문을 보면서 쳐다보지도 않고 대수롭지 않게 말했습니다.

“구석진 방이라도 좋으니 제발 방 하나만 주세요. 우린 이미 지쳤어요.”

아내가 애원하다시피 하며 말했습니다.

“구석이고 가운데고 없는데요.”

종업원은 고개도 들지 않고 무뚝뚝하게 말했습니다.

“여보, 갑시다. 찾아보면 방 하나 없겠소?”

남편이 아내의 등을 감싸며 말할 때였습니다.

“나가도 없을걸요. 오늘은 예약 손님으로 이 필라델피아가

꽉 찼어요.”

종업원은 마치 약이라도 올리는 것처럼 말했습니다.

부부는 속이 상했지만 꾹 참고 비틀비틀 다른 호텔을 찾아 나섰습니다. 밖에는 여전히 비바람이 횡포를 부리고 있었습니다.

“없습니다. 다른 데 가 보시죠.”

“빈 방요? 없는데요.”

가는 데마다 호텔은 만원이었습니다.

어떤 호텔은 아예,

빈 방이 없습니다. 죄송합니다.

하는 팻말까지 걸어 놓았습니다.

“이거 정말 야단났군. 여보, 시내 중심에서 찾지 말고 변두리 호텔로 가 봅시다.”

아내의 의견대로 그들은 변두리로 나갔습니다. 그러나 그 곳도 사정은 마찬가지였습니다. 그 곳 호텔들도 모조리 만원이었고, 종업원들은 한결같이 무뚝뚝하게 방이 없다고 한 마디로 잘라 말했습니다.

시간은 흘러 어느덧 새벽 1시, 부부는 이제 완전히 파김치가

되었습니다,

"여보, 저기도 방이 없다면 호텔 현관에서 비라도 피합시다. 이제 더 이상 못 걷겠어요."

"그럴 수밖에 없겠소. 여보, 힘을 내 봐요."

"정말 지쳤어요. 몸살이 오려나 봐요."

부부는 호텔 로비로 다시 들어갔습니다.

"방이 없습니다."

호텔의 젊은 종업원이 미안해하며 말했습니다.

그 부부는 정말 이제는 호텔 현관에서 비라도 피해야겠다며 돌아섰습니다.

그 때였습니다.

"지금 나가셔도 방이 없을 겁니다. 저…… 괜찮으시다면 제 방에서 하루 묵어 가십시오. 누추한 곳입니다만…… 현관보다는 나을 겁니다."

젊은 종업원이 조심스럽게 말했습니다.

종업원은 그들 부부가 나가며 하는 소리를 들었던 겁니다.

"정말 그래 주시겠소?"

"누추한 방입니다."

"지금 그걸 따질 때가 아니라오. 내 아내는 몸살기까지

♥ 자기 방을 빌려 준 호텔 종업원은 어떤 사람입니까?

있어요."

"자, 이리로 오시지요."

종업원은 그 부부를 자기 방으로 모셨습니다. 좋은 방은 아니었지만 깨끗한 방이었습니다.

"우리에게 방을 주고 나면 당신은 어디서 자오? 좁지만 여기서 같이 자요."

남편이 미안해하며 말했습니다.

"아닙니다. 전 소파에서 자도 됩니다. 자 그럼……."

그 종업원 덕분에 무사히 그 밤을 보낸 부부는 몇 번이나 감사하다며 이튿날 그 곳을 떠났습니다.

그런 일이 있고 나서 2년이 지난 어느 날이었습니다.

여전히 그 호텔에서 일하고 있던 그 종업원은 뉴욕에 사는 사람으로부터 비행기표와 함께 짧은 한 통의 편지를 받았습니다.

"당신을 초대합니다. 당신은 나를 모르겠지만 나는 당신을 잘 안답니다. 비행기표를 보내니 꼭 와 주십시오."

뉴욕에 오면 어디어디로 오라는 약도며 전화 번호까지 자세히 적혀 있었습니다.

종업원은 고개를 갸우뚱거렸습니다. 아무리 생각해도 모르는 사람이었습니다. 그러나 비행기표까지 보낸 성의가 너무 고마워서 가 봐야겠다고 생각했습니다.

　종업원은 휴가를 얻어 뉴욕행 비행기를 탔습니다. 비행기 안에서도 종업원은 도대체 누구인지 궁금해 골똘히 기억을 더듬었습니다.

'도대체 누가 나를 초대했을까?'

젊은 종업원이 약도를 보며 찾아간 곳은 뉴욕에 새로 지은 호텔이었습니다.

그 호텔 주인이라는 사람은 2년 전 비 오는 밤에 젊은 종업원이 일하던 호텔을 찾아왔던 그 사람이었습니다.

"어서 오시오, 세상에서 제일 친절한 양반! 나는 그 때 당신이 베풀어 준 그 친절을 잊지 못해 이 호텔을 지었소이다. 그러니 이 호텔을 잘 운영해 보시오. 당신을 위해 지은 것이니까."

가난한 젊은 종업원은 깜짝 놀랐습니다. 조금 친절하게 대해 주고 자기의 누추한 방을 잠시 빌려 주었을 뿐인데 자신을 위해 이처럼 멋진 호텔을 지어 놓고 기다리다니!

젊은 종업원은 그저 감격스러울 뿐이었습니다. 그리하여 마침내 젊은 종업원은 뉴욕으로 옮겨 와 새 호텔을 운영하는 경영자가 되었습니다.

그 호텔이 바로 그 당시 유명한 왈돌프 아스토리아 호텔입니다. 조그만 친절과 그 친절을 잊지 못하는 감사의 마음이 만들어 낸 위대한 이야기입니다.

💙 2년 전의 친절을 잊지 못해 호텔을 지은 부부의 마음에 대해 이야기해 봅시다.

'감사'란 고마움에 대한 인사를 말합니다.

명언 한 마디!

온갖 일을 너그러움에 따라 처리하면 그 복됨이 저절로 후하여질 것이다.

- 명심보감 -

모든 일을 각박하게 처리하지 말고 너그럽게 처리하라는 뜻입니다. 상대방의 처지를 이해하고 헤아리는 넓은 도량을 가진 사람이라면 다툼도 불화도 사라질 것입니다. 내가 남에게 베푼 조그만 은혜는 상대방의 마음을 감동시켜 줄 것이기 때문입니다.

공주와 비단옷

효종은 왕위에 오르면서 생각한 게 많았습니다. 어떻게 해서든지 잘 사는 나라, 강한 나라를 만들어야겠다는 것이 그의 가장 큰 소망이었습니다.

'작은 물건 하나라도 아끼고 절약해야 돼. 그러려면 내가 먼저 모범을 보이고 궁궐에서부터 실천에 옮겨야 할 거야.'

이렇게 생각한 효종 임금은 모든 신하들에게 지시하였습니다.

"백성들은 대신들을 따라 하게 마련이오. 대신들이 사치스럽게 비단옷을 즐겨 입으면 백성들도 비단옷을 즐겨 입을 것이고, 나라의 높은 자리에 있는 사람들이 기름진 음식을 즐겨 먹는다면 백성들도 기름진 음식을 먹고 싶어할 것이오. 거기다가 놀고 마시기를 좋아한다면 백성들도 따라 하는 법이오. 이래서는 부강한 나라를 만들 수가 없소. 잘 들으시오! 오늘부터 모두 검소한 생활에 앞장 서도록 하시오! 물론 임금인 나도 할 수 있는 한 검소한 생활을 하겠소. 궁에 있는 중전은 물론이고 왕자, 공주에게까지도 이르도록 하겠소."

효종 임금은 곧 왕비인 중전을 불러 부탁하였습니다.

"중전, 나는 오늘 나라의 대신들에게 강한 나라를 만들자고 했소. 그러려면 먼저 모두 검소한 생활을 해야 하오. 나라의 어버이인 우리가 솔선 수범하여 모범을 보여야 하오. 아시겠소?"

"잘 알겠습니다. 궁에 사는 상궁과 모든 사람들에게 일러 검소한 생활, 절약하는 생활을 하도록 하겠습니다."

"상궁이나 시녀들만이 아니오. 왕자나 공주에게도 그렇게 교육시키시오. 왕자와 공주에게도 비단옷을 입히지 않는 게 좋겠소."

이렇게 해서 나라 안에는 검소한 생활을 하자는 바람이

💙 효종 임금은 왜 공주에게도 비단옷을 입지 못하게 했을까요?

불었습니다.

효종 임금이 몸소 실천에 옮겼기 때문에 대신들도 검소한 생활을 하는 데 앞장 섰습니다.

"새 임금은 정말 훌륭하셔. 임금님께서 직접 본을 보이시니 대신들도 따라 하고 또 우리도 따라 하지. 나라도 새나라가 된 것 같아."

"새나라가 되다마다. 이제 나라가 제대로 된 것 같네."

"마마께선 공주와 왕자에게 비단옷을 입히는 것도 금지시 켰다던데……."

"그래요? 어쩜 그렇게까지……."

백성들은 모여서 효종 임금에 대한 이야기로 화제를 삼았 습니다. 그리고 백성들도 하나같이 검소한 생활을 하려고 애 쓰게 되었습니다.

그러던 어느 날이었습니다.

"어마마마, 저도 비단옷을 입고 싶어요. 예전의 공주들은 비단 치마를 많이 입었다는데 왜 저에게는 비단 치마를 입 지 못하게 하셔요?"

어린 공주가 중전에게 비단 치마 이야기를 꺼냈습니다.

"공주, 그건 아바마마의 명령입니다. 지금 온 나라에 옷을 검소하게 입어야 한다고 엄한 명령을 내리셨어요."

"그렇지만 난 공주잖아요? 다른 백성들하고는 다른 사람인 걸요."

"그래도 안 그래요. 만약 공주가 비단옷을 입으면 사람들이 흉봐요."

"뭐라고 흉보는데요?"

"임금께서 모두 검소한 차림으로 지내자 그러더니 공주는 비단옷을 입었단다 하고 말예요."

"그런 사람은 잡아다가 혼을 낼 거예요. 난 공주예요. 비단 치마를 입고 싶어요."

"글쎄 안 돼요."

어린 공주는 속이 무척 상했습니다. 꼭 비단 치마를 입고 싶었어요.

아직 나이 어린 공주는 '검소하게 입어야 한다.'는 어머니 의 말이 이해가 되지 않았습니다.

며칠 후 공주는 아버지인 효종 임금에게 떼를 썼습니다.

"아바마마, 소원이 하나 있어요."

공주는 눈을 빛내며 말했습니다.

"소원? 아니 우리 공주가 부족한 게 뭐가 있다고 나에게까지 말한단 말이냐?"

"아바마마, 꼭 들어 주셔야 해요."

"들어 주고말고. 어디 이야기해 보렴."

효종 임금은 어린 공주의 예쁜 눈동자를 보며 다정하게 말했습니다.

"꼭이어요."

"꼭 들어 주고말고. 우리 공주가 뭐가 필요해서 이럴까? 어서 말해 봐라."

"아바마마, 전 비단 치마를 입고 싶어요."

"비단 치마?"

효종 임금의 얼굴 표정이 싹 바뀌었습니다.

'중전에게 그렇게 이야기했거늘! 공주 교육을 어떻게 시켰기에 비단 치마 이야기를…….'

효종 임금은 여러 가지 생각이 들었지만 이내 온화한 얼굴로 바꾸며 입을 열었습니다.

"공주는 어마마마 이야기도 안 들은 모양이지? 나도 어마마마도 왕자도 공주도 비단옷은 안 입기로 했어. 물론, 큰 행사가 있을 때는 입어야 하겠지만 말야."

어린 공주는 이해할 수 없다는 얼굴로 눈빛을 반짝이며

물었습니다.

"아바마마, 왜 그래야 되는데요?"

마침내 어린 공주의 입에서 가장 궁금했던 말이 튀어나왔습니다.

♥ 궁궐에서 비단옷 안 입기가 어떤 결과를 가져올지
상상하여 정리하여 봅시다.

어린 공주는 그 이유를 아무리 생각해도 이해할 수 없었던 것입니다.

효종 임금은 공주의 두 손을 꼬옥 잡고 공주의 두 눈을 보았습니다. 어린 공주의 두 눈은 맑고 깊었습니다.

"공주가 비단옷을 입으면 안 되는 것은……."

임금은 공주가 잘 알아들을 수 있도록 차근차근 이야기했습니다.

임금의 말뿐만 아니라 임금의 마음도 두 손을 타고 공주의 마음 속으로 흘러들어갔습니다.

"알았어요, 아바마마. 모든 사람이 아끼고 아껴서 검소한 생활을 하는데 나만 좋은 옷을 입으면 안 된다는 거지요?"

마침내 응석받이 어린 공주의 입에서 이런 말이 터져 나왔습니다.

"그래 그래, 바로 그거야. 우리 나라 사람 모두가 다 아껴야 힘센 나라가 될 수 있는 거야."

효종 임금은 환하게 웃었습니다.

그 후 공주는 비단옷을 입겠다고 조르지 않았습니다.

💙 효종 임금 이야기와 우리 가정의 일들을 비교하여 보고 비슷한 일이 있으면 글로 써 봅시다.

'검소'란 사치하지 않고 수수한 것을 말합니다.

훌륭한 도둑

조선 시대 인조 임금 때 이완이란 사람이 있었습니다. 그는 정직하면서도 용감한 사람이었습니다. 한때는 지체 낮은 무사였다가 포도대장까지 된 사람입니다. 그뿐이 아니지요. 나중에는 우의정까지 오른 무예와 학식이 뛰어난 분입니다.

이완이 젊었을 때였습니다. 하루는 숲 속으로 들어가 사냥을 하다가 날이 저물었습니다. 길까지 잃어 어디가 어디인지 알 수가 없었습니다.

'그놈 사슴만 쫓아다니지 않았어도…… 어디 가서 이 밤을

지내지?'

그는 캄캄한 숲 속을 이리저리 헤매다가 불빛을 발견하였습니다.

'살았다! 저기 집이 있어.'

그는 불빛이 보이는 집을 찾아 걸어갔습니다.

이윽고 이완은 대문을 두드렸습니다.

"여보세요, 여보세요!"

대문을 두드리며 소리치자 젊은 여인이 얼굴을 내밀었습니다.

"사냥을 하다가 길을 잃었어요. 하룻밤만 쉬고 가게 해 주세요."

"안 돼요. 들어오지 마세요. 머뭇거리지 말고 어서 빨리 떠나세요. 여긴 손님이 머물 수 있는 곳이 아니어요."

젊은 여자는 급히 말하며 문을 닫으려 했습니다.

"잠깐만요. 왜 안 되는 겁니까? 제발 하룻밤만 쉬어 가게 해 주세요. 이 밤중에 어디로 가겠어요? 나가도 맹수한테 잡아먹힙니다."

"여긴 무시무시한 도둑의 집이어요. 들어와서 쉴 수는 있지만 목숨이 위험합니다. 저도 숲에서 잡혀 와 이렇게 갇혀 지내고 있어요."

♥ 이완이 하룻밤 묵어 가게 된 집은 누구의 집입니까?

"그래요? 어쨌든 들어갑시다. 나가서 호랑이에게 잡아먹히나 도둑에게 죽으나 마찬가지니까요."

이완은 막무가내로 대문을 밀고 들어갔습니다. 배짱이 좋고 용감한 이완은 어떤 도둑인지 보고 싶은 생각이 들었습니다.

"설마 사람을 죽이기야 하겠소? 배가 고프니 먹을 거나 있으면 좀 주시오."

"저녁을 드리는 것이야 어렵지 않지만……."

여자는 여전히 걱정스러운 표정으로 주저하였습니다.

"그 도둑이 지금 어디 있습니까?"

"사냥을 갔어요. 먹을 것을 챙겨 드릴 테니 빨리 떠나세요. 낯선 사람을 보면 당장 칼을 들고 달려듭니다."

"너무 걱정하지 마세요. 어떤 사람인지 궁금하군요. 한 번 보고 가지요."

이완은 저녁밥과 술까지 잘 얻어먹고 그대로 드러누워 코를 골았습니다. 너무 피곤한데다 술과 밥으로 배를 채우자 잠이 쏟아졌던 것입니다.

얼마쯤 지나서였습니다. 밖에서 인기척이 들리는가 싶더니 키가 큰 거인이 곰과 멧돼지를 메고 집 안으로 들어왔습니다.

거인은 댓돌 위의 신발을 보더니 눈꼬리를 치켜 떴습니다.

“아니 저놈이 누구야?”

도둑은 쩌렁쩌렁한 소리로 호통을 쳤습니다.

“왜 함부로 사람을 집 안으로 끌어들이는 거야?”

젊은 여자가 쩔쩔맬 때, 이완은 눈을 떴습니다. 그러나 그의 몸은 이미 밧줄로 꽁꽁 묶인 뒤였습니다.

이완은 도둑에게 그 동안의 일을 자세히 이야기하였습니다. 하지만 도둑은 이완을 대들보에 매달며 곧 죽일 것처럼 굴었

습니다.

“저녁을 먹고 죽여 주마.”

도둑은 이완을 매단 다음, 저녁을 차려 오도록 명령했습니다. 그리고는 음식을 먹기 시작했습니다. 그러다가 무슨 생각을 했던지 도둑은 칼끝에 고기 한 점을 꽂아 이완의 입 가까이로 가져갔습니다.

‘흥, 도둑인 주제에 내 용기를 시험해 보겠다 이거지?’

이완은 태연하게 칼끝에 꽂힌 고기를 입으로 빼어 먹었습니다. 그리고 큰 소리로 도둑에게 호통쳤습니다.

“네가 아무리 못된 도둑이기로서니 이게 무슨 짓이냐? 죽이려면 어서 죽여라. 음식을 나누어 주려거든 이것을 풀고 옳게 대접해야지…… 사내답지 않구나.”

도둑은 갑자기 먹던 것을 멈추었습니다. 잠시 뭔가 생각하는 듯하더니 이완을 풀어 주는 것이었습니다.

“왜 갑자기 나를 풀어 주느냐?”

“당신은 앞으로 큰일을 할 사람 같아서 풀어 주는 거요. 당신 같은 사람은 처음이요. 내가 잘못했소.”

“잘못을 깨달았으면 되었소.”

도둑은 그 동안 모은 재물까지 내놓으며 용서를 빌었습니다.

💙 무서운 도둑은 왜 죽이려던 이완을 풀어 주었습니까?

두 사람은 밤새도록 술을 마시며 이야기를 나누었습니다. 동이 트자 이완은 일어섰습니다.

"잘 쉬었다 가오."

"잘 가십시오. 혹시 나중에 내가 어렵게 되거든 잘 봐 주십시오."

"알았소. 내 잊지 않으리다."

이런 일이 있고 나서 세월이 흘렀습니다. 그 동안 이완은 포도대장으로 이름을 날리고 있었습니다.

그러던 어느 날, 시골에서 잡혀 온 도둑 한 사람을 심문하게 되었습니다.

"그래, 어쩐 일로 그토록 흉악한 도둑질을 한단 말이냐? 고개를 들고 말을 해 보라."

도둑이 고개를 들고 이야기를 하는데 어디선가 많이 본 얼굴이었습니다.

'어디서 보았을까? 가만 있자……. 아하 맞아, 그 때 사냥을 갔다가…….'

이완은 그 때의 일이 생생하게 떠올랐습니다. 그러나 모른 척하고 도둑을 옥에 가두게 하였습니다. 이완은 임금님께 편지를 올렸습니다. 그것은 옛날 일을 자세히 적은 글로 도둑의

죄를 용서해 달라는 편지입니다. 만약 임금님이 용서해 준다면 도둑을 새사람으로 만들겠다는 약속도 썼습니다. 은혜 입었던 죄인을 용서해 달라는 편지를 받고 임금은 큰 감동을 받았습니다.

"그 도둑이 그 때 포도대장을 죽였다면 오늘날 그대와 같은 포도대장은 없을 게 아닌가? 뜻대로 용서해 주게. 그리고 약속대로 새사람을 만들어 주게."

임금의 허락이 떨어지자 이완은 그 도둑을 용서해 주었습니다. 용서뿐만 아니라 자기 밑에서 포교로 일하도록 하였습니다.

"고맙습니다. 이제 손을 씻고 새사람이 되겠습니다."

포교가 된 도둑은 이완에게 감사하며 충실히 일했습니다.

그는 틈틈이 공부도 열심히 하였습니다. 무술도 부지런히 익혔습니다. 마침내 무과에 급제하여 벼슬길에 오르게 되었습니다. 나중에 그는 수문장까지 올랐습니다.

비록 한때는 도둑이었지만, 이완에게 은혜를 베풀었기 때문에 용서를 받게 된 것입니다. 이완도 도둑을 새사람으로 만들어서 훌륭하게 은혜를 갚았습니다.

♥ 도둑에게 목숨을 건진 이완은 언제 다시 도둑을 만나 용서해 주었습니까?

'은혜'란 베풀어 주는 사랑이나 혜택을 말합니다. 살아가면서 부모나 다른 사람의 은혜를 잊어서는 안 됩니다.

명언 한 마디!

마음이 남을 저버리지 않으면 얼굴에 부끄러운 빛이 없다.

- 명심보감 -

사람이 마음 속에 불손한 생각을 가지고 있으면 얼굴에 그 표정이 나타납니다. 은혜를 입은 사람에게 해를 입힌다든가 충고해 주는 사람에게 욕을 하거나 등을 돌리는 행위는 올바른 태도가 아닙니다. 사람은 지조와 의리와 신의를 목숨처럼 지켜야 합니다. 그런 사람이라야 만물의 영장이라고 할 수 있습니다.

꿈을 이룬 사람

콜럼버스란 사람을 아는지요? 그는 1451년 이탈리아의 제노바란 곳에서 태어났습니다.

아버지는 옷감 짜는 공장의 직공이어서 가정 형편이 어려웠습니다. 어려운 가정 살림 때문에 콜럼버스는 10살까지만 학교에 다니고 집안일을 도왔습니다. 하지만 그는 큰 희망을 가지고 있었습니다.

'아주 먼 곳, 먼 바다로 나가서 새로운 땅을 찾고 싶어. 거기서 살고 싶어.'

그는 틈만 나면 바닷가로 나가, 끝없이 펼쳐진 바다를 보며, 생각에 잠기곤 했습니다. 항구로 나가 많은 배들을 보기도 했습니다.

'어른이 되면 나는 배 타는 사람이 될 테야.'

그의 꿈은 우선 배를 타는 선원이 되는 것이었습니다. 그래서 14살 때부터 배를 타고 뱃사람과 함께 지내며, 배 타는 법을 익히기 시작했습니다.

그는 어느덧 25살의 늠름한 청년이 되었습니다. 그는 이제 큰 상선의 선장입니다. 이 나라 저 나라를 다니며 물건들을 팔기도 하고 사 오기도 하였습니다.

그를 잘 아는 사람들은 위험한 바다에서 일하는 것을 제발 그만두라고 했지만 콜럼버스는 고개를 저었습니다.

"난 끝까지 바다와 싸울 겁니다. 바다 어딘가에 있을 새로운 땅을 꼭 찾아 낼 겁니다."

"그러다 바다 끝 낭떠러지에 떨어지면 어떻게 하려고 그래?"

그 당시는 지구가 평평하다고 믿는 사람이 많았습니다. 그래서 바다 끝에는 낭떠러지가 있다고 생각했습니다.

"난 바다가 둥글다고 생각해."

💙 콜럼버스의 어린 시절 꿈(희망)은 무엇이었습니까?

콜럼버스가 이런 말을 하며 자신의 꿈을 이야기할 때, 다른 사람들은 그를 미쳤다고 했습니다.

콜럼버스는 서쪽 바다로 자꾸 나아가다 보면 반드시 인도에 다다를 수 있다고 믿었습니다. 그 당시 인도는 황금이 많은 신비의 땅이요, 전설과 같은 나라였습니다.

인도를 직접 본 사람은 많지 않았습니다. 그만큼 이탈리아에서는 인도가 먼 곳에 있는 땅이었습니다.

'난 인도를 꼭 찾아 내고 말 거야.'

콜럼버스의 첫째 꿈은 인도로 가는 것이었습니다.

서쪽 바다 끝에 아메리카 대륙이 있다는 것은 상상도 하지 못했습니다.

세계 지도에도 아메리카의 땅은 표시되어 있지 않았습니다. 그래서 유럽 사람들은 누구나 서쪽으로 가면 바다 끝이 나오고 거기에 인도가 있다고 믿었습니다.

'인도로 가려면 이런 상선 가지고는 안 되겠어. 이 배보다 더 큰 배가 필요해. 후원자를 구하자.'

한껏 꿈에 부푼 콜럼버스는 큰 배만 있으면 문제 없이 인도를 찾을 수 있다고 생각했습니다. 그래서 큰 배와 장비를 제공해 줄 후원자를 구하기 시작했습니다.

💙 콜럼버스가 처음에 찾아 나선 곳은 어디였습니까?

"콜럼버스가 요즘 완전히 미쳤다며?"

"글쎄 말야. 큰 배를 만들어서 새로운 땅을 찾으러 나서겠다고 떠벌리고 다닌대."

"미쳐도 완전히 미쳤군."

사람들은 콜럼버스를 흉보기에 바빴습니다. 아무도 그의 이야기에 귀를 기울이려 하지 않았습니다.

그러나 콜럼버스는 낙심하지 않고 계속해서 후원자를 찾아 다녔습니다.

그럴 즈음, 스페인의 이사벨 여왕이 콜럼버스를 돕겠다고 나섰습니다.

"고맙습니다. 고맙습니다."

여왕은 콜럼버스가 원하는 배를 만들도록 명령을 내렸습니다. '산타 마리아'라는 배가 완성되고, 필요한 물건들도 배에 실렸습니다.

1492년 8월 3일, 동녘 하늘이 틀 무렵, 콜럼버스는 북을 울리며 항해 명령을 내렸습니다.

"출발! 서쪽 바다를 향해 출발!"

산타 마리아 호는 힘차게 푸른 물결을 가르며 서쪽으로 서쪽으로 나아가기 시작했습니다. 하루가 지나고 이틀이 지나고 다시 일 주일이 지나고…….

“우리가 찾는 인도는 언제쯤 나타날까요?”

“글쎄 말이요. 이제는 나타날 때도 되지 않았을까?”

“정말 지구가 둥글다는 게 사실일까요?”

한 달 가까이 항해했지만 그들이 찾는 인도가 나타나지 않
자 선원들은 불안해지기 시작했습니다. 바다는 그들이 상상한
것보다 훨씬 더 넓어서 인도가 정말 있기나 한 건지 모든 것

이 불확실하기만 했습니다.

한 달이 지나고 또 한 달이 지났습니다. 사람들은 서서히 지치기 시작했습니다. 희망은 낙심으로 바뀌었습니다. 콜럼버스의 말도 잘 들으려 하지 않았습니다.

"이러다간 모두 바다에서 죽겠어."

"갑시다! 고향으로 돌아가요. 난 죽기 싫어요."

불평하는 선원들의 눈빛이 무서워지기 시작했습니다. 그래도 콜럼버스는 희망을 잃지 않고 명령을 내렸습니다.

"여러분! 희망을 버리지 마세요. 우리는 새로운 땅을 찾아 나선 희망의 사나이들입니다. 용기의 사나이들입니다. 이대로 돌아가선 안 됩니다. 이대로 돌아가면 그 동안의 수고가 모두 헛수고가 되고 맙니다. 여러분은 떠나올 때 부모와 형제, 그리고 아내와 자식 들에게 뭐라고 이야기했습니까? 새 땅을 찾아오겠다고 하지 않았습니까?"

콜럼버스의 힘찬 목소리는 불평하던 선원들을 감동시켰습니다.

'그래, 조금만 더 기다려 보자.'

선원들은 다시 생각을 고쳐 먹었습니다. 콜럼버스는 하느님께 기도했습니다.

“하느님, 서쪽 끝에는 분명히 우리가 찾는 땅이 있을 겁니다. 제발 그 땅을 빨리 보게 해 주세요.”

그러나 눈앞으로 달려오는 것은 푸른 바다뿐이었습니다. 선원들은 다시 웅성거리기 시작했습니다.

“돌아갑시다!”

“바다에서 죽기는 싫소!”

선원들은 콜럼버스가 반대하면 물에라도 빠뜨릴 듯이 덤벼들었습니다.

그러던 중 누군가가 바다에 떠내려오는 나뭇가지를 보고 소리쳤습니다.

“나뭇잎이다! 나뭇가지가 떠내려온다!”

그 나뭇가지는 희망처럼 푸른 잎을 달고 있었습니다.

그리고 또 며칠이 지난 어느 날 아침이었습니다.

“육지다! 인도가 나타났다!”

사람들이 동시에 소리쳤습니다.

콜럼버스가 찾아 낸 새로운 땅, 그러나 그 땅은 인도가 아니고 오늘날의 아메리카 대륙이었습니다.

콜럼버스, 그의 희망찬 항해는 아메리카라는 새 대륙을 찾아 내고 바다가 둥글다는 것을 증명해 내었습니다.

♥ 콜럼버스가 찾아 낸 땅은 지금의 어디입니까?

'희망'이란 꿈을 가지고 기대하며 바라는 것을 말합니다.

무화과나무에 수박이

옛날 어느 나라에 제자를 많이 가르치는 선생님 한 분이 계셨습니다. 그는 늘 책을 가까이하고 생각을 깊이하는, 학식이 높은 분이었습니다. 제자들만이 아니라 동네 사람들까지도 어려운 일이 생기면, 그 선생님에게 달려가 문제를 해결하곤 했습니다.

선생님은 이 세상 모든 일에 대해 모르는 것이 없어 보였습니다. 어찌나 지혜로운지 어떤 문제라도 척척 해결해 주었습니다.

“선생님, 선생님께선 어찌 그리 많은 문제를 척척 해결하시는지요? 저희들은 그저 놀랍고 부럽습니다. 그 비결을 가르쳐 주십시오.”

어느 날, 제자가 이렇게 묻자 선생님은 다음과 같이 대답했습니다.

“우리가 지금 세상에서 많은 문제를 보며 사는 것처럼 옛날 사람들도 여러 가지를 경험하며 살았지. 책을 읽으면 옛날 사람들이 어려운 문제를 어떻게 풀었는지 알 수 있어. 또 앞으로 어떤 일이 닥칠지도 대강 짐작할 수 있고……. 이제 세상은 더 빨리 발전하게 될 거야. 부지런히 책을 읽어 힘을 길러야 해. 그리고 세상이 어떻게 돌아가고 있는지도 알아야 하고……. 남들은 모두 여름옷을 입고 있는데 혼자서 겨울옷을 입고 있으면 되겠어? 이 세상 일이란 서로 어울리면서 이치에 맞게, 조화를 이루어 나가야 하는 법이거든.”

제자들은 고개를 끄덕였습니다. 그리고 열심히 책을 읽었습니다.

하루는 선생님이 과수원 길을 산책하다가 무화과나무 밑에 앉아 피곤한 몸을 쉬고 있었습니다.

♥ 이야기에 나오는 선생님은 어떤 분입니까?

때는 여름이어서, 푸른 잎새 사이에는 작지만 푸른 무화과들이 주렁주렁 열려 있었습니다.

바람이 불자 무화과나무 푸른 잎이 일렁거리고, 열매들도 가지와 함께 흔들렸습니다.

"어이 시원하다! 이 바람은 무화과 바람이다. 자 다시 슬슬 일어서 볼까?"

선생님은 걷기 시작했습니다.

"학식 높은 선생님께서 산책을 나오셨군."

"또 무슨 생각을 하시나 봐."

과수원에 사는 새들이 지지배배거리며 자기네들끼리 재잘거렸습니다.

"암, 생각을 하셔야지. 그래야 훌륭한 선생님이 되지."

과수원 길을 걷다 말고 선생님은 문득 걸음을 멈추었습니다.

"선생님이 수박을 보고 깜짝 놀라며 걸음을 멈추셨어."

"왜 저러실까?"

"글쎄?"

새들은 수다를 떨며 선생님이 왜 그러는지 모두 지켜 보았습니다.

선생님이 본 것은 수박 넝쿨에 매달려 있는 아주 커다란 수박이었습니다.

'이상한 일이로다. 커다란 무화과나무에는 올망졸망 작은 열매가 달려 있고, 연약한 수박 넝쿨에는 커다란 수박이 달려 있으니 이게 어찌 된 일일까? 조물주의 실수가 분명해.'

선생님은 고개를 흔들었습니다. 그리고 혼자 상상해 보았습

니다.

커다란 나무에 주렁주렁 열려 있는 수박들……. 그리고 수박 넝쿨에 올망졸망 매달려 있는 많은 무화과나무 열매들……. 생각만으로도 어울리는 모습이었습니다.

'이래야 해. 이래야 하고말고. 세상을 창조하신 조물주께서는 이 세상을 창조하실 때 모든 조화를 생각하시고 창조하셨을 텐데……. 이건 졸면서 하셨을까?'

선생님은 다시 무화과나무들이 서 있는 곳으로 가서 나무를 흔들어 보았습니다.

'봐, 얼마나 튼튼한가. 수박은 너 같은 나무에 달려야 어울리는 법이라고. 하느님이 잘못 배치해 놓으신 거야.'

선생님은 다시 나무를 힘차게 흔들었습니다.

그 때였습니다. 무화과나무 열매 하나가 '툭!' 하고 선생님의 콧등을 때리며 떨어졌습니다.

"아이쿠, 이것 봐라! 작은 놈이 그래도 콧등은 제법 아프게 때리네."

혼자 이런 말을 중얼거리던 선생님은 손뼉을 탁 쳤습니다. 무언가 아주 중요한 것을 깨달은 듯 얼굴빛이 금세 환해졌습니다.

'그렇구나. 이 세상의 모든 것들은 다 쓸모가 있기 때문에 하느님께서 만드신 거야. 그리고 하느님께선 모두 서로 어울리게 만드셨어. 내가 잘못 생각했던 거야. 수박은 수박 넝쿨에 달려야 하고, 무화과 작은 열매는 무화과나무가 달고 있어야 해. 하느님 생각이 옳아. 내 생각대로 했다면 아까

나무를 흔들었을 때, 큰 수박이 내 머리를 쳤을 거야. 생각만으로도 끔찍해. 다행히 무화과나무는 열매가 작아서 안 다쳤지 뭐야. 조물주가 제자리에 맞게 만든 것을 인간인 내가 이러쿵저러쿵하다니…….'

선생님은 또 하나를 깨닫게 되어 몹시 기뻤습니다.

'사람도 마찬가지지. 서로 조화를 이루며 살아야 해. 잘난 척해서도 안 되고, 비굴할 필요도 없지. 조물주는 내가 필요해서 나를 이 세상에 보내셨으니 나를 빛내며 잘 살아야지. 자기 맡은 일을 열심히 하며 인간답게 사는 것, 그것이 바로 이 세상과 조화를 이루는 길이야.'

선생님은 떨어진 무화과 하나를 주워 가지고 제자들이 모여 기다리는 곳으로 걸음을 옮겼습니다.

"오늘은 이 무화과를 보며 '조화'에 대해 좀더 공부해야겠어."

선생님은 마치 누구와 이야기하는 것처럼 중얼거리며 흥겹게 걸었습니다. 씩씩하게 팔을 흔들며 말입니다.

그런 선생님을 보며 과수원의 새들이 또 뭐라고 조잘조잘 지저귀기 시작했습니다.

💙 선생님은 이 세상 만물에 대한 조화를, 무엇을 통해 확실히 깨달았습니까?

'조화'란 여러 가지가 서로 고르게 잘 어울리는 것을 말합니다.

명언 한 마디!

임금은 임금다워야 하고, 신하는 신하다워야 하고, 아버지는 아버지다워야 하고, 자식은 자식다워야 한다.

- 경공 -

사람은 저마다 본분이 있고 책임이 있습니다. 학생은 학생으로서의 본분을 다하고, 어버이는 어버이로서의 본분을 다해야 한다는 말입니다. 사람이 사람으로서의 도리를 다할 때 사람답다고 합니다. 이렇게 모든 사람이 자신의 위치에서 자신의 역할을 다하며 조화롭게 살아가는 사회라야 질서 있고 아름다운 세상이 펼쳐지는 것입니다. 우리의 본분을 깨달아 우리답게 살아가도록 노력해야 하겠습니다.

법을 어기려 했던 처칠이지만

처칠은 영국 수상이면서 노벨 문학상까지 받은 분입니다. 우리는 영국 수상 하면 '처칠'을 떠올릴 만큼 영국의 정치가로 이름 높은 분입니다.

처칠이 수상으로 있을 때, 그는 늘 바빴습니다. 나랏일이 워낙 많고 복잡해서 일을 하다 보면 하루 24시간이 모자랄 지경이었습니다.

"지금부터 오후 2시까지는 환경성에서 회의가 있고, 그 회의가 끝나면 바로 미국 대사를 만나셔야 합니다."

비서가 챙겨 주지 않으면 다음에 무엇을 해야 할지 알 수 없을 정도였습니다.

그 날도 아침부터 바빴습니다. 게다가 한 군데서 회의가 늦어지는 바람에 다음 모임에 참석하려면 서둘러야 했습니다.

회의를 마치고 나오는데 비서가 시계를 보며 발을 굴렀습니다.

"수상 각하, 빨리 서두르셔야 합니다."

"다음은 어디인가?"

"각하, 국회 연설입니다. 늦었습니다."

"빨리 가세. 최대한으로 빨리 달리게."

처칠은 운전 기사를 재촉했습니다.

"알았습니다."

운전 기사는 쌩 하니 달리기 시작했습니다. 그런데 얼마쯤 가다가 교통 경찰에게 걸리고 말았습니다.

"과속입니다. 신분증을 보여 주십시오."

"처칠 수상 각하 차요. 국회로 가는데 시간이 늦어 달려가는 중이오."

"그렇습니까? 몰라뵈서 죄송합니다. 어서 가십시오."

교통 경찰은 경례까지 척 붙이며 통과시켰습니다.

💙 처칠 수상의 차가 교통 법규를 어기고도 계속 달릴 수 있었던 것은 무엇 때문이었습니까?

"빨리 달리시오. 몇 분 안 남았소."

처칠은 시계를 보며 말했습니다.

"중요한 연설을 하는 날이요. 수상이 시간을 안 지켜서야 되겠소?"

"예, 알겠습니다."

차는 더 빠르게 달렸습니다.

"아슬아슬하게 도착하겠군."

그런데 얼마 안 가서 교통 경찰이 또 차를 세웠습니다.

"이봐요, 이 차는 처칠 수상 각하의 차요. 시간이 없어요. 국회 연설을 해야 한단 말요!"

운전 기사는 마치 자기가 수상인 것처럼 큰 소리로 말했습니다.

"그래요?"

교통 경찰은 뒷자리에 앉아 있는 신사를 쓱 보더니,

"수상 각하를 닮았지만 처칠 수상은 아닌 것 같소. 수상 각하를 태운 차가 교통 법규를 어길 리가 없지요."

"이런 답답한……. 차 번호를 봐요. 차 번호를!"

"교통 경찰이 수상 각하 차 번호를 외우고 다니지는 않습니다. 면허증을 내놓으시오."

"아, 수상 각하 차라니깐!"

"그래도 안 돼요. 훌륭하신 수상 각하 핑계를 대지 말고 빨리 면허증을 내놓고 가요."

처칠은 눈짓으로 면허증을 내주라고 지시했습니다.

"자 여기 있소, 면허증. 나중에 후회할 거요."

"후회는 누가 하든 차를 천천히 몰고 가십시오."

이런 일이 있은 며칠 후, 처칠은 나라의 교통 질서를 책임지는 경시 총감을 불렀습니다.

"경시 총감 앉으시오. 준법 정신이 뛰어난 교통 경찰을 추천하려고 하오. 나는 자기 일을 그렇게 철저히 하는 교통 경찰이 우리 나라에 있다는 게 자랑스럽소."

"각하, 무슨 이야기를 하시는 겁니까?"

처칠은 그 날 있었던 일을 자세히 설명하였습니다. 그제서야 경시 총감은 고개를 끄덕였습니다.

"경시 총감, 그 사람을 찾아 1계급 특진시키시오. 나는 정말 감동했소. 수상의 차도 봐 주지 않는 그런 경찰이 있는 한 우리 영국은 크게 발전할 것이오. 꼭 찾아서 1계급 특진시켜요."

"각하, 안 됩니다."

💙 처칠의 차를 세우고 면허증을 제시하라고 한 교통 순경은 어떤 사람입니까?

경시 총감은 단호하게 말했습니다.

"아니, 안 되다니? 왜 안 되오?"

"그건 법에 어긋나기 때문입니다. 그 교통 경찰은 자신의 업무를 철저히 했을 뿐입니다. 당연히 그렇게 해야 합니다. 저라도 그렇게 했을 겁니다. 그렇기 때문에 1계급 특진을 시킬 수는 없습니다. 수상 차를 붙잡았다고 1계급 특진시키라는 법은 우리 나라 어디에도 없습니다."

처칠은 그제서야 고개를 끄덕였습니다.

"잘 알겠소. 고맙소."

처칠은 기쁜 마음으로 악수를 청했습니다.

"당신 같은 사람들 때문에 우리 영국은 발전하는 거요. 영원한 영국이 될 거요."

"저 같은 사람이 아니라, 작은 법이라도 잘 지키는 사람들 때문이라고 생각합니다."

"그렇소, 그 말이 맞소."

처칠은 경시 총감을 통해서 다시 한 번 감동을 받았습니다.

"나는 내가 영국의 수상이라는 게 자랑스럽소."

처칠은 환하게 웃으며 말했습니다.

♥ 경시 총감은 어떤 사람들이 영국을 발전 시킨다고 말했습니까?

'준법'이란 법으로 정한 것들을 잘 지키는 일을 말합니다.

명언 한 마디!

관청 일을 다스림은 공평함만 같음이 없고, 재물에 임하여는 청렴함만 같음이 없다.　　　　- 충자 -

벼슬아치는 모든 일을 공평하게 처리함을 근본 원칙으로 해야 하며, 재물을 대하여서는 청렴하고 결백하여 벼슬아치의 올바른 길을 걸어가야 합니다. 즉, 공평과 청렴은 백성을 다스리는 관리가 지켜야 할 기본 정신입니다.

오존 이야기

상훈이네 반에서는 지난 화요일, 오존에 대한 만화 영화 2편을 보았습니다. 상훈이는 그 영화를 보며 자신의 생활을 반성해 보았습니다. 산성비만 위험한 것이 아니라, 오존층이 파괴되는 것도 산성비 못지않게 위험하다는 것을 알게 되었습니다. 다음은, 그 날 상훈이가 본 만화 영화의 이야기들입니다.

영화 1 — 오존이 보내 온 편지

오존이란 말을 들어 보았니? 난 오존 분자야. 산소 원자 3

개로 이루어진 물질이지. 내가 있는 곳은 아주 먼 곳이야. 너희들이 사는 지구에서 24킬로미터 떨어진 하늘에 한데 뭉쳐 있는 우리를 오존층이라고 하지.

우린 말야, 태양에서 나오는 자외선이 지구에 사는 너희들에게 내리쬐기 전에 잡아먹는 일을 해. 말하자면 우린 지구를 지키고 보호하는 일을 하는 거야.

자외선이 뭐냐고? 태양에서 나오는 아주 독한 거야. 사람만이 아니라, 동물이건 식물이건 자외선을 직접 쐬면 안 돼.

피부에 직접 닿으면 피부 세포가 파괴되고, 심하면 피부암에 걸려. 또 눈에 들어가면 눈이 멀고 백내장에도 걸리게 된단다.

우리 오존 분자는 말야 자외선을 흡수하면 깨어지고 말아. 그러나 걱정 마. 깨어진 오존 분자는 곧 새로운 오존 분자를 만들어 낼 수 있단다.

이제 우리 오존에 대해 좀 알겠니?

그런데 우리들에게 상상하지 못했던 일이 일어났어. 우리 오존 분자들이 자꾸 파괴되어서 없어지는 거야.

자외선을 흡수하며 깨어진 것은 다시 살릴 수 있어. 그러나 너희들이 쓰는 그 시 에프 시(CFC)라는 화학 물질의 공격을 받으면 우리는 완전히 파괴되어 버려.

CFC가 뭐냐고? 좀더 이야기를 들어 봐. 우리를 공격하는 CFC는 스티로폼 속에 숨어 있어. CFC는 냉장고나 에어컨디셔너의 냉각제로도 쓰이지. 스프레이에도 들어 있어.

CFC가 이런 제품들에 그냥 숨어 있는 것만은 아니야. 버려진 차의 에어컨디셔너에서는 기체로 된 CFC가 서서히 뿜어 나온단다. CFC는 스티로폼을 잘게 부술 때도 발생해. 스티로폼이 만들어질 때도 나온단다.

CFC는 공기에 섞여 천천히 하늘로 올라오지. 우리가 머물고 있는 이 곳까지 올라오려면 10년에서 15년쯤 걸릴걸.

공기 중에 흩어진 CFC는 오존 분자들을 뚫고서 하늘 높이 올라가지. 오존층 너머로 더 높이 올라가. 그러면 무서운 일이 벌어지지. CFC는 자외선을 쬐면서 무시무시한 괴물로 변신한단다. 그들은 곧바로 우리 지구 수비대 오존 분자들을 잡아먹는 '괴물'이 되고 말아.

지구에서도 남극의 하늘에 있는 오존층은 지금 위험해. 엄청난 양의 CFC가 괴물로 변해 우리 오존 분자들을 마구 잡아먹고 있어.

어떤 때는 남극 오존의 반 정도까지 이 괴물들의 먹이가 되는 때도 있다고 들었어. 무서워, 난 CFC가 무서워. 난 거기에 살지 않는 게 정말 다행이라고 생각해.

지금 이 순간에도 우리 오존 분자들은 그들의 무차별 공격을 받아 사라지고 있어.

너희들을 지켜야 할 우리가 없어져 버리면 아, 아 무서워. 너희들도 살 수 없어. 아, 저 비명 소리가 들리니? 내 친구들이 CFC에게 잡아먹히게 되자 아우성치는 비명 소리야.

애들아, 우리의 고통을 친구들에게 이야기해 줘. 우리는 그동안 하루도 쉬지 않고 태양의 자외선을 흡수하며 너희들을 도와 주었잖니?

우리를 잘 보호하는 게 바로 너희들이 사는 길이야.

생각이 굳어 버린 어른들에게만 맡기지 말고, 어린 너희들이 앞장 서서 CFC가 든 물건을 쓰지 말아. 제발, 제발, 제발.

영화 2

바닷가나 숲에서 발생되는 오존은 사람에게 상쾌한 기분을 주어서 건강을 돕습니다. 좋은 오존이지요. 그러나 도시에서 떠돌고 있는 오존은 대개 나쁜 오존입니다. 자동차에서 배출되는 나쁜 기체(예를 들어 질소산화물이나 탄산수소 등)들이 햇빛을 받아 더 나쁜 기체로 변하는데, 이게 바로 나쁜 오존입니다.

이 때 생기는 오존은 사람에게 치명적인데, 도시의 공기가 얼마나 깨끗한가를 말할 때, 보통 오존 농도를 이야기하게 됩니다. 공기 속에 얼마쯤의 오존이 섞여 있나를 말하는 것이지요.

오존 농도가 0.12피피엠(ppm)을 넘어서면 주의보가 내려

♥ 오존층이 자외선을 막아 주지 못하면 어떤 일들이 일어날까요?

지는데, 주의보가 내린 지역에서 1시간 이상 있게 되면 숨쉬기가 곤란해지고, 눈에도 나쁜 영향을 끼칩니다. 머리가 아프고 천식, 기관지염 같은 병에 걸리게 되는 거예요.

우리는 숨을 쉬면서 공기 중의 산소를 마십니다. 그러니까 우선 공기가 깨끗해야 합니다. 그런데 도시는 점점 숨쉬기가 힘들어지고 있어요. 공기가 더러워지고 있거든요. 그걸 공기 오염이라고 하지요.

서울의 공기 오염의 주범은 바로 자동차입니다. 서울의 공기가 더러워지는 것은 77퍼센트가 자동차 때문이래요. 공장에서 나오는 매연도 문제지만, 자동차 운행을 완전히 중지시키면 서울의 공기는 아주 좋아집니다. 그런데 사람들은 숨쉬기 힘들다고 하면서도 자동차는 여전히 몰고 다닙니다. 어떻게 해야 할까요?

자, 그럼 먼저 앞에서 말한 피피엠이란 무엇일까요?

흔히 어느 정도 오염되었나를 알아볼 때, 우리는 피피엠 또는 피피비(ppb)라는 말을 자주 쓰게 됩니다. 피피엠이란 '1백만분의 1'이란 뜻이고, 피피비는 '10억만분의 1'이라는 환경 용어입니다.

자, 이 물그릇을 보세요. 큰 물그릇입니다. 300리터의 물이

들어갑니다. 물 1방울의 부피가 약 0.05밀리리터이니까, 이 그릇에는 대략 600만 개의 물방울이 들어갑니다.

깨끗한 물 300리터에 빨간 잉크 1방울을 떨어뜨려 보겠어요. 빨간 잉크 1방울도 0.05밀리리터예요. 이 빨간 잉크 6방울을 이 큰 물그릇에 떨어뜨리면 몇 분의 1이 될까요?

그래요. 백만분의 1이지요. 이만한 물에 잉크 6방울은 아무 것도 아닙니다. 이 정도가 바로 1피피엠입니다. 맑은 계곡물은 1피피엠 이하의 1급수예요. 사람이 마실 수 있는 수돗물은 3피피엠 미만의 1~2급수입니다. 사람들이 깨끗한 물을 마셔야 하는 것처럼 물고기들 중에는 깨끗한 물에만 사는 게 있어요.

다시 한 번 물에 대해 정리해 볼까요?

1급수 : 오염이 없는 물. 간단히 정수하면 먹을 수 있는 물.
   (1피피엠 미만)

2급수 : 수돗물로 만들 수 있는 물이며, 수영을 할 수 있는
   물. (1~3피피엠)

3급수 : 수돗물로는 못 쓰고 공업용수로 쓸 수 있는 물.
   (3~6피피엠)

4급수 : 수돗물로 절대 쓸 수 없는 물. 오랫동안 그 물을
   쓰면 피부병에 걸리게 됨.(6~8피피엠)

'환경'이란 우리가 살고 있는 터전을 말합니다. 환경을 깨끗이
보존하고 보호하는 것은 우리의 책임입니다.

환경이 깨끗해야 건강합니다.

명언 한 마디!

자연은 저절로 생겨나 스스로 이룩되어 존재하는 모든 사물의 근본이다.

— 아리스토텔레스 —

사람은 자연의 일부로서 자연과 더불어 살아가는 존재입니다. 만일 인간이 자연을 망가뜨린다면 인간의 삶도 온전히 영위될 수 없습니다. 오늘날 우리가 누리는 문화와 문명의 바탕은 모두 자연에 힘입어 이룩된 것이기 때문입니다. 그러므로 자연을 보호하고 보존하는 일은 곧 우리 인류를 살리는 길임을 명심하고 자연 보호에 힘써야겠습니다.

어머니의 사랑은

미국의 서부 깊은 산골입니다. 사람들이 살지 않는 이 곳에 통나무집을 지어 놓고 사는 젊은 부부가 있었습니다.

남편의 이름은 요한, 아내는 베티입니다. 그들 부부는 비록 부자는 아니지만 두 아이를 키우며 행복하게 살고 있었습니다.

그들에게는 이웃이 없었습니다. 그렇기 때문에 남편은 아내를 더욱 위해 주었고, 아내는 그런 남편을 위해 더 맛있는 음식을 준비하며 아이들을 귀엽게 키웠습니다. 큰 아이는 제법 말을 잘 하였고 둘째는 아직 우유를 먹는 아기였습니다.

"여보, 시장을 봐 와야겠어요. 밀가루도 얼마 안 남았고, 빵 굽는 기름도 떨어져 가요. 우리 아기 우유도 사 와야겠구요. 그리고 당신 생일이 다가오고 있으니, 포도주랑 양초도 있으면 좋겠어요."

어느 날 아내인 베티가 저녁을 먹으며 남편에게 이것저것 말했습니다.

"그렇지 않아도 곧 읍내에 갈 작정이오. 이번에는 좀 오래 걸릴 것 같소. 제임스 씨를 찾아가서 지난 번 받기로 한 돈도 받아 오고, 옷감 공장을 찾아서 여름 옷감도 좀 마련하려고 하오. 내가 없는 동안 문단속 잘 하고, 특히 큰애를 잘 봐요. 요즘 늑대가 돌아다니니 조심해야 해요."

"걱정 말고 다녀오세요. 당신이 읍내에 갈 때는 더 신경을 써서 문단속을 한답니다. 큰애가 이제는 자꾸 집 밖으로 나가려 해요. 어제도 저녁을 짓는데 눈 깜짝할 사이에 집 밖으로 나가고 있더라니까요."

남편 요한은 일 주일에 한 번 정도 읍내에 나가 장을 보아 오는데, 너무 먼길이기 때문에 한번 나가면 대개 하룻밤을 묵어 옵니다. 더구나 이번에는 옷감 공장까지 가야 하기 때문에 더 늦게 올 것입니다.

며칠 후, 요한은 시장에 내다 팔 것들을 마차에 챙기는 등 읍내로 나갈 준비를 하였습니다.

"여보 다녀오리다. 키티야, 아빠 읍내 갔다 올게."

"아빠 안녕. 맛있는 것 많이 사 오세요."

큰애인 키티는 제법 말을 잘 합니다.

"알았다. 엄마 말 잘 듣고 있어."

아빠는 마차를 몰고 산모퉁이 길을 돌아 읍내를 향해 갔습니다.

"자, 이제 들어가자."

남편이 떠나고 나자 이윽고 해가 떠올랐습니다. 해는 금방 뜨거운 기운을 뻗치기 시작했습니다.

"자, 키티야, 엄마가 청소하는 동안, 나가지 말고 여기서 이 장난감 가지고 놀고 있어. 아기가 자니까 깨우지 말고 조용조용 놀아야 해. 알았지? 청소해 놓고, 맛있는 빵 만들어 줄게."

"엄마, 정말?"

"그래. 빵 다 구워 놓고 호수가에도 가 보자. 야생 오리들이 와 있나……."

"그래요. 빨리 빵 만들어 줘요."

엄마가 일하는 동안, 큰애도 아기 옆에 누워 어느 새 잠이 들었습니다.

'그 새 자는구나. 모두들 코 자고 있어. 자, 그럼 빵을 구워 놓고 올게.'

엄마는 키티까지 곤히 잠든 것을 확인하고 나서 부엌으로 들어가 빵 구울 준비를 시작했습니다.

'됐다. 이제는 빵 구울 나무를 가져오자.'

엄마는 부엌 옆에 있는 장작더미로 가서 장작을 꺼내기 시작했습니다.

"으악!"

순식간에 일어난 일이었습니다.

장작을 꺼내고 있는데 밑에서 뭔가가 나와 엄마의 발을 물었습니다.

"뱀이다!"

독사였습니다. 엄마는 엉겁결에 옆에 있던 도끼로 독사를 처치하기는 했지만, 뱀의 독이 몸 전체로 급속히 퍼지기 시작했습니다.

엄마는 자기가 곧 죽을 것이라고 생각했습니다.

'죽는 것은 어쩔 수 없는 일이지만, 내가 죽으면 저 애들은 어떡하지? 여긴 이웃도 없는데……. 몸 속으로 독이 더 퍼지기 전에 아이들을 위해 마지막 일을 하자. 빵도 굽고, 우윳병에 우유도 챙겨 넣어 두자. 자다 깨서 배가 고프면 우윳병을 들고 빨 테니깐. 빵도 구워서 키티의 손이 닿는 데 놓아 두고……. 그러면 아빠가 돌아올 때까지 살 수 있을 거야.'

♥ 요한이 읍내로 떠났을 때, 베티는 무슨 일을 하다가 뱀에게 물렸습니까?

엄마는 빠르게 움직이기 시작했습니다. 돌아올 남편을 위해 맛있는 음식도 만들고, 아기를 위해 우유를 준비하고……

어느 사이에 몸은 점점 무거워지고 눈앞에 안개가 끼는 것 같았습니다. 그러나 엄마는 있는 힘을 다해 고통을 참으며 움직였습니다.

그리고 아직 어리지만 잠이 깬 아이에게 차근차근 이야기를 했습니다.

"키티야, 엄마는 아파서 오래오래 네가 흔들어도 깨어나지 못할지 몰라. 엄마가 잠들면 이 장작들을 계속 넣어야 빵이 구워져. 그리고 아빠가 올 때까지 동생을 잘 돌봐라. 아기 우유는 여기……."

뜨거운 햇빛과 빵을 굽는 장작불, 엄마의 온몸에서는 물 흐르듯 땀이 흘렀습니다. 기운이 점점 빠졌지만 엄마는 마침내 빵을 다 구워 냈습니다.

"엄마, 잔다더니 왜 안 자?"

키티가 이상하다는 듯이 물었습니다.

'어머! 그러고 보니 내가 아직도 안 죽고 있네. 이게 어찌 된 일일까?'

아이들을 위해 마지막 힘을 다해 땀을 흘리며 일했던 엄마는 계속 흘린 땀 때문에 독이 씻겨 나왔다는 것을 미처 모르고 있었습니다.

'아까는 몸이 무거웠는데 이제는 살 것 같구나.'

엄마는 그래도 불안하였습니다.

'이러다가 죽을지도 몰라?'

엄마는 이런 생각을 하며 더 열심히 일했습니다. 땀이 비 오듯 흘렀습니다. 뱀의 독도 땀과 함께 몸밖으로 나왔습니다.

'어느 새 저녁때가 되었네.'

엄마는 아이들에게 저녁을 먹이고 문단속을 했습니다. 깊은 산골이라 낮은 무덥지만 밤에는 서늘한 기운이 오슬오슬 몰려옵니다.

'이상하다? 처음에는 죽을 것처럼 몸이 무겁더니……'

이튿날도 그리고 남편이 올 때까지도 엄마는 무사했습니다.

"여보!"

엄마는 돌아온 아빠에게 모두 이야기하였습니다. 이야기를 듣고 난 아빠는 땀 때문에 뱀독이 모두 빠진 걸 알고 기뻐하였습니다.

— 어머니의 사랑을 다시 한번 생각하게 해 주는 이야기입니다.

♥ 뱀에 물린 엄마가 죽지 않고 살게 된 까닭은 무엇입니까?

'모성애'란 어머니의 사랑을 말합니다. 세상에서 가장 숭고한 사랑은 어머니의 사랑이 아닐까요?

어머니의 말씀을 잘 듣는 것이 보답하는 길입니다.

전차에서 자리를 양보한 장군

미국 남북 전쟁 때 많은 공을 세운 리 장군, 그가 어느 날 전차를 탔습니다.

전차는 정류장에서마다 많은 손님들을 내리고 또 태우며 부지런히 움직였습니다. 시간이 지날수록 전차 안에는 사람들이 많아졌고, 마침내는 콩나물 시루처럼 빼곡이 차서 옴짝달싹 못할 지경이 되고 말았습니다.

"아, 사람 죽겠어요. 그만 좀 태워요!"

"기사 양반, 좀 빨리 가요!"

사람들은 저마다 한 마디씩 했습니다.

아무리 만원이지만 내릴 사람은 내려 줘야 하기 때문에, 전차는 다음 정거장에서 또 섰습니다. 사람들이 밀고 밀리며 내렸고, 기다리던 사람들이 또 탔습니다.

전차에 오른 사람 중에 할머니 한 분이 계셨습니다. 초라한 옷차림의 그 할머니는 전차가 움직일 때마다 이리저리 흔들렸습니다.

사람들이 꽉 차 있어서 할머니가 서 있는 것을 사람들이 다 본 것은 아닙니다. 할머니는 쓰러지는 몸을 가누느라 손잡이를 꽉 잡고 간신히 버티고 서 있었습니다. 그러나 할머니 근처에 앉아 있는 사람들은 아무도 자리를 양보하지 않았습니다. 어떤 사람들은 눈을 지그시 감고 자는 체하고 있었으며, 아예 눈길을 차창 밖으로 보내며 보지 않는 사람들도 있었습니다.

전차는 달리며 자꾸 사람들을 내려놓았습니다. 내리는 사람이 많고 타는 사람이 적어지자, 전차 안은 이제 조금 넓어졌습니다.

이제는 전차 안에 있는 모든 사람들이 서 있는 할머니를 볼 수 있게 되었습니다. 그러나 할머니는 여전히 힘든 몸을

♥ 리 장군은 어느 전쟁에서 공을 세운 사람입니까?

가눈 채 서 있었습니다.

"할머니 이 쪽에 와서 앉으세요."

할머니가 서 있는, 좀 떨어진 곳에서 할머니를 부르는 소리가 들렸습니다. 사람들의 눈길이 모두 소리나는 쪽을 향해 쏠렸습니다.

그 사람은 할머니를 부축해서 자기 자리로 모시고 갔습니다.

"아니 저분은 유명한 리 장군이잖아?"

"맞아. 리 장군이야. 어쩜 사진하고 똑같을까?"

사람들이 여기저기서 수군거렸습니다.

"장군님, 이렇게 뵙게 되어 정말 영광입니다. 자, 여기 와서 앉으세요."

"아닙니다. 장군님, 제가 장군님을 위해 자리를 양보하겠습니다."

"이 쪽으로 오세요. 제가 서 있겠습니다. 장군님, 어서 이리 오세요."

사람들은 저마다 자신의 자리를 양보하겠다고 일어섰습니다.

"고맙습니다. 고맙습니다. 그러나 참 이상하군요. 자리에 앉혀 드릴 사람은 제가 아니라 바로 이 할머니입니다. 어째서 이 할머니에게는 자리를 양보 안 하다가 저에게는 모두들 이렇게 친절한 거죠?"

자리를 양보하겠다고 일어서려던 사람들은 얼굴이 빨개졌습니다. 어떤 사람은 부끄러워서 다음 정거장에서 급히 내려 버리는 사람도 있었습니다.

이 이야기는 미국에서 전해지고 있는 이야기입니다.

💙 왜 사람들은 할머니는 못 본 척하면서 리 장군에게는 자리를 양보하려 하였을까요?

그렇다면 우리 대한 민국의 공중 도덕은 어떨까요? 여러분은 버스 안이나 지하철 안에서 나이 많은 분을 보았을 때 꼭 자리를 양보하나요?

공중 도덕은 여러 사람들이 모이는 장소에서 지켜야 할 예의를 말합니다.

많은 사람들이 이용하는 전철을 타 보면, 다른 사람들이 뭐

♥ 리 장군에게 자리를 양보하는 사람을 보고 어떻게 생각했습니까?

라고 하거나 말거나 뛰어다니는 아이들이 있는 것을 보게 됩니다.

　어떻게 된 일인지, 그 아이들의 부모님도 말리지 않습니다. 전철에서까지 씩씩하게 뛰어노는 아이들의 모습이 자랑스러

워서 그러는 것일까요?

"웬 참견이야? 남이야 뭘 하든 왜 남의 자유에 대해 이래라 저래라 하는 거야?"

이렇게 말할 사람도 있겠지요? 그러나 남에게 피해를 주는 자유는 참된 자유라 할 수 없지요.

공중 전화에 매달려 10분이고 1시간이고 이야기하는 사람, 급한 전화를 하려고 발을 동동 구르며 기다리는데도 아랑곳하지 않는 사람들, 많은 사람이 모이는 식당이나 극장에서 큰 소리로 떠들어 대는 사람들, 내 것이 아니라고 공중 시설물을 함부로 다루는 사람들…….

이런 사람들은 참된 민주주의 시민이라고 할 수 없습니다. 이런 사람들을 보면 기분이 상하지요. 그러나 남을 탓하기 전에 먼저 내 자신이 공중 도덕을 지키는 사람이 되어야 하겠습니다.

공중 도덕이 잘 지켜지는 사회는 선진 사회이며, 또한 교양 있는 문화인들이 살아가는 훌륭한 사회라 할 수 있습니다. 즉, 공중 도덕은 한 나라의 국민성과 문화의 수준을 가늠하는 척도라고 할 수 있습니다.

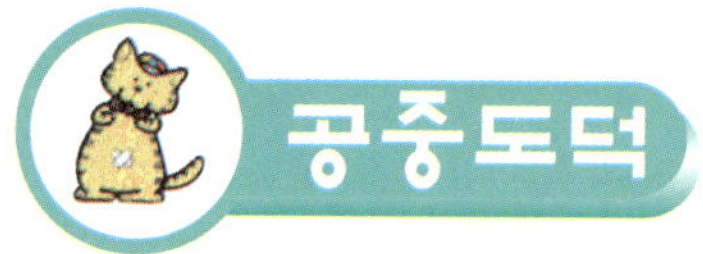

'공중 도덕'이란 여러 사람이 사회 생활을 하면서 지켜야 할 규칙이나 예절 같은 것을 말합니다.

명언 한 마디!

나이가 많은 것이 배가 되면 어버이와 같이 섬기고, 열 살이 더 많으면 형과 같이 섬기고, 다섯 살이 더 많으면 어깨를 나란히 하여 따라간다.

- 명심보감 -

오륜 가운데 장유유서(어른과 어린이 사이에는 차례가 있다.)에 해당하는 말입니다. 특히 이러한 장유유서는 하늘이 정해 준 질서임을 강조하고 있습니다. 즉, 나이 어린 사람이 어른을 공경하는 것은 하늘이 정한 질서이므로 웃어른을 함부로 대하는 일이 있다면 이는 하늘의 질서를 해치는 일입니다. 그러므로 항상 웃어른을 공경하는 것은 젊은이의 도리입니다.

누구나 가지고 있는 자기 몫의 복

옛날 어느 마을에 무엇이나 척척 맞추는 장님 점쟁이가 있었습니다. 그 장님 점쟁이가 용하다는 소문이 점점 퍼져서 많은 사람들이 점을 치러 모여들었습니다.

그 점쟁이가 사는 집에는 긴 마루가 있는데, 사람이 걸어다니면 삐걱거리는 소리가 났습니다.

"아유, 돈도 많이 벌면서 마루 좀 고치지. 소리가 나서 이거 원……"

그러나 그건 모르는 말씀입니다. 그 삐거덕 소리가 나는 마루를 그대로 둔 건 다 이유가 있어서입니다.

점쟁이는 마루를 건너올 때 나는 소리로 단골 손님이 남자인지 여자인지, 어른인지 아이인지도 알아맞히었습니다. 특히, 처음 듣는 마루 소리일 때는 더욱 긴장해서 그 사람이 어떤 사람일까 하고 생각했습니다.

어느 날, 건너 마을 최 부자가 찾아왔습니다. 해가 돋기도 전에 최 부자가 마루를 건너옵니다.

'이른 새벽부터 최 부자가 웬일일까? 한동안 걸음이 뜸하더니……'

마루는 급하게 삐거덕거렸습니다. 성미 급한 구두쇠 영감의 성격이 그대로 나타납니다.

"어서 오시지요, 최 부자 어른. 어쩐 일로 이렇게 일찍 오셨습니까?"

최 부자가 문을 열기도 전에 안에서 장님 점쟁이가 말했습니다.

"아무튼 보지도 않고 다 안다니깐……. 참 놀라워."

최 부자가 문을 열고 점쟁이 옆에 앉자 장님 점쟁이는 또 입을 열었습니다.

"허허 이런……. 집에 어두운 안개가 싸여 있군요. 걱정이 크시겠습니다. 마누라는 속을 썩이고 아이들은 말을 안

듣지……. 저런저런, 머슴 놈은 일은 안 하고 밥만 축내고 있군요. 허허, 최 부자 어른은 입맛을 잃고 식사를 못 하니 기운은 더 떨어지고……. 이런이런……. 노름을 해서 돈까지 잃었군요. 쯧쯧, 조상님들 사당에도 근심의 안개가 싸여 있습니다. 무엇 하나 제대로 되는 것이 없습니다. 이렇게 가면 천하의 최 부자님이라도 곧 거렁뱅이가 되고 말지요."

"아이구, 용하기도 하셔라. 안 보고도 그림을 그리시네. 그러니 나 좀 살려 주시오."

최 부자는 장님 점쟁이 곁으로 바짝 다가앉으며 두 손을 꽉 잡았습니다.

"최 부자님이 살 수 있는 방법이 있기는 있지만……. 아닙니다. 관둡시다. 최 부자님 같은 분이 제 말을 듣겠습니까?"

"아니오. 지키리다. 이야기만 해 주면 지키겠어요. 복채는 후하게 드리리다."

복채란 점을 쳐 주고 받는 돈입니다. 최 부자는 그것 때문에 그러는 줄 알고 돈주머니를 꺼내며 다시 사정했습니다.

"복채는 얼마든지 드릴 테니 제발 이야기해 주시오."

"내가 이야기하는 대로 지킬 자신이 있다면 말하겠습니다."

"지키다마다요. 어서 말해 주시오."

💙 최 부자가 장님 점쟁이를 찾은 까닭은 무엇입니까?

"좋습니다. 우선 한 달 동안 내가 시키는 대로 해 보고, 효과가 있으면 그 방법대로 석 달을 더 지키십시오. 그래서 정말 효과가 있거든 그 때 오셔서 복채를 듬뿍 주시지요. 복채는 그 때 받겠습니다."

"아니, 약값과 복채는 먼저 받는 법 아닌가요? 자 받으세요."

"아닙니다. 나중에 많이 받을 테니 내가 하는 이야기를 잘 들으십시오."

장님 점쟁이는 복채를 한사코 사양했습니다.

"우선 새벽 닭이 울 때 일어날 수 있어야 합니다. 그러려면 밤늦게 자지 말고 일찍 주무십시오. 그런 다음 깨끗한 그릇을 들고 폭포가 있는 곳을 찾아가 깨끗이 목욕한 후, 그 깨끗한 물을 받아 오십시오. 그래도 아직 해가 뜨기 전일 테니, 장독대에 올려 놓고 절을 백 번 하십시오. 물그릇을 올려 놓을 장독대는 전날 밤에 깨끗이 해 놓고 주무시는 것을 잊지 마시고요."

"그리고요?"

"이상입니다. 그렇게 한 달만 해 보고 오십시오."

"알겠습니다. 고맙습니다."

♥ 장님 점쟁이가 일러 준 방법은 어떤 것입니까?

최 부자는 활짝 웃으며 집으로 돌아갔습니다. 그리고 장님 점쟁이가 시키는 대로 했습니다.

아침 일찍 일어나서 폭포에 다녀오니까 운동이 되어서 몸이 가뿐합니다. 절을 백 번 하고 나면 조금씩 동쪽 하늘이 벗겨집니다.

'아직 아침 먹으려면 시간이 있으니 사당 청소도 하자.'

최 부자는 기분이 좋아 사당 청소도 합니다. 그래도 시간이

남아 머슴 대신 마당 청소를 합니다.

'아내나 며느리가 힘들지 않게 부엌 물도 길어 오자.'

최 부자는 부지런히 물을 길어다 부엌 항아리를 채웠습니다.

어떤 날은 골목 청소도 했습니다. 하루, 이틀, 사흘……. 가족들과 이웃들이 달라진 최 부자를 칭찬하기 시작했습니다.

집안 식구들은 최 부자를 따라 일찍 일어나기 시작했고, 머슴들도 게으름을 피울 수가 없게 되었습니다.

부지런히 움직이자 싸울 일이 없어졌습니다. 모든 일이 웃음 속에서 잘 되어 나갔습니다. 한 달이 되기도 전에 효과는 눈에 보일 정도로 나타났습니다.

한 달 후 최 부자는 점쟁이에게 줄 복채를 두둑이 들고 찾아갔습니다.

"정말 고맙습니다. 덕분에 집안일이 다 잘 되고 있습니다. 약을 안 먹어도 건강해졌고, 내가 일찍 일어나 움직이니 아내며 자식들, 심지어는 머슴들까지 부지런해졌어요. 이제는 집에서 싸울 일이 없어졌습니다. 정말 고맙습니다. 진작에 찾아올걸요."

"최 부자님, 사람은 모두 자기의 복을 가지고 태어난답니다. 그것을 어떻게 관리하느냐가 문제지요. 자기가 가진 복은

가꿀 생각을 안 하고, 남의 복만 커 보여서 불평하는 사람들은 평생 불행을 느끼며 살지요. 그러나 조그만 복이라도 고마워하고 더 가꾸어 가면, 그 복이 커지는 법이랍니다. 조물주는 사람에게 다 필요한 만큼의 복을 주셨지요. 우리는 그걸 알아야 합니다."

"정말 고마워요. 자, 복채 받으시지요."

"아닙니다. 이번 복채는 그냥 가져가시지요. 그처럼 많은 돈을 받을 수 없습니다. 이미 최 부자께선 값을 다 치른 셈입니다."

"아니 그게 무슨 소리입니까?"

"최 부자님 때문에 정신을 차리게 되었다는 동네 사람들이 한둘이 아닙니다. 그렇게 몸소 실천해서 동네 사람들을 가르쳤으니 그걸로 값을 치른 셈이지요."

"그럴 수는 없습니다. 자, 받으십시오."

"정 그러시다면 이 돈을 마을 사람들을 위해 쓰도록 하시지요."

"알겠습니다. 정말 고맙습니다."

그 후 최 부자는 더 부지런해서 존경받는 사람이 되었습니다. 그리고 자신의 복을 잘 지켜 나가기 위해 열심히 움직였습니다. 아침부터 해가 질 때까지요.

💙 장님 점쟁이가 말한 복을 잘 가꾸는 방법은 어떤 것입니까?

사람에게는 누구에게나 욕망이 있습니다. 그러나 지나친 욕망은 화를 가져옵니다.

모든 사람들의 행복을 위하여

아주 오래 전 잉글랜드의 중부에 위치해 있는 커벤트리 시에는 아주 악독한 영주가 있었습니다. 영주는 소작인들에게 감당할 수 없을 정도로 많은 세금을 물려서 그들의 생활은 말이 아니게 궁핍했습니다.

"힘들게 농사를 지어도 우리는 먹을 게 없어. 모두 가져가 버리니까."

"우리 영주는 피도 눈물도 없는 사람이야."

여러 소작인들이 세금을 깎아 달라고 울면서 이야기를 했지만 영주는 눈 하나 꿈쩍하지 않았습니다. 오히려 항의하러 오는 사람의 땅을 빼앗아, 그나마 농사도 짓지 못하도록 하였습니다. 그렇기 때문에 소작인들은 사뭇 울화가 치밀었지만 그저 참고 지내는 수밖에 없었습니다.

이런 영주와는 달리 그의 부인 코바이다는 천사 같은 사람이었습니다.

"여보, 정말 너무 하세요. 그렇게 많은 세금을 물리면 농사를 지어서 남는 게 뭐가 있겠어요? 세금을 좀 깎아 주세요. 우리는 해마다 부자가 되고 있지만 소작인들은 끼니를 굶고 있어요. 그들도 우리와 똑같은 사람들이어요."

"지금 뭐라고 했소? 그들도 우리와 똑같은 사람이라고?"

"그래요. 그들도 우리와 똑같은 사람들이어요."

"천만에! 그들은 우리와 달라. 그들은 천하고 무식한 농사꾼일 뿐이야."

"무식할지는 몰라요. 그러나 그들의 마음은 어느 누구보다도 착해요. 서로 돕고 위로하며 살아요. 그들은 뼈빠지게 농사를 지어도 남는 게 없어요. 당신이 토지 사용료를 너무 많이 받기 때문이어요. 제발 마음을 너그럽게 가지고 저들의 사정을 봐 주세요. 그들의 피땀으로 우리는 이렇게 편하게 사는 거예요."

부인의 간청에도 불구하고 영주의 마음은 변하지 않았습니다. 그래도 부인은 단념하지 않았습니다.

"여보, 제발 소작인들을 생각해 주세요. 올해는 흉년이어서 정말 농사가 잘 안 되었대요."

"그렇게 소작인들 편을 들고 싶으면 알몸으로 말을 타고 시내를 한 바퀴 돌고 오시오. 그러면 내가 당신의 소원을 들어 주리다."

영주는 젊고 수줍음 많은 자기 부인이 설마 그렇게는 못할 거라고 믿고 농담처럼 말을 던졌습니다. 그런데 부인이 정색을 하고 되물었습니다.

"그 말 정말이죠?"

"정말이고말고."

영주는 실실 웃으며 자신 있게 대답했습니다.

아무리 소작인들을 사랑하는 코바이다였지만 알몸으로 말을 타고 시내를 한 바퀴 돈다는 것은 감히 상상할 수 없는 일이었습니다.

'그럴 수는 없어. 다시 남편에게 부탁할 수밖에 없어.'

코바이다는 할 수 없이 몇 번이고 다시 남편에게 매달렸습니다.

그러나 그것은 달걀로 바위를 치는 거나 마찬가지였습니다. 남편은 눈썹 하나 까딱하지 않았습니다.

'아, 더 이상 방법이 없어. 그렇다고 고생하는 소작인들을 그대로 두고 볼 수는 없어.'

코바이다는 마침내 입술을 깨물며 결심했습니다.

'정 그렇다면 그렇게 하는 수밖에 없지.'

코바이다는 마침내 알몸으로 말 위에 올랐습니다.

이 소문은 삽시간에 시내를 휩쓸었고, 사람들은 깜짝 놀랐습니다.

"부인께서 우리 세금을 깎아 주기 위해 알몸으로 말을 타고 시내로 오고 있대요."

"저런!"

"우리를 위해 부끄러움을 무릅쓰고 스스로 옷을 벗었대요."

"천사 같은 분이야. 여러분, 우리는 모두 집으로 들어가 문을 닫읍시다."

"그래요. 구경하지 말고 마음 속으로 감사의 박수를 보냅시다."

사람들은 집으로 달려가 문을 닫았습니다.

부인의 희생에 감동한 사람들은 모두 문을 걸고 구경하지

💙 영주 부인이 알몸으로 시내에 나타났을 때 사람들은 어떤 마음이었을까요?

않았습니다. 문을 걸고 울음을 터뜨리는 사람들도 있었습니다.

코바이다는 문이 꼭꼭 닫힌 빈 시내를 혼자 돌고 돌아갔습니다.

"여보, 내가 졌소. 모든 땅의 사용료를 깎기로 하겠소."

"여보, 고마워요. 사람들이 모두 당신의 선하심을 칭찬할 거예요."

결국 영주는 약속대로 소작인들의 세금을 깎아 주었습니다.

사람들은 모두 기뻐하였습니다.

그런데 며칠 후에 이상한 소문 하나가 떠돌았습니다.

"글쎄, 모두들 문을 닫고 구경을 하지 않았는데, 톰이 혼자 문틈으로 보았대요. 그래서 그런 이상한 소문이 난 거래요."

"뭐라고요? 그런 철면피 같은 사람!"

"이건 있을 수 없는 일이에요."

"그래요. 부인께선 목숨을 내걸고 한 일이나 마찬가지예요. 그런데 그걸 구경하다니……."

"그건 부인의 숭고한 마음에 돌을 던지는 행위예요."

"구경하지 말자는 우리의 마음도 짓밟은 겁니다."

"그런 사람과는 같이 살 수 없어요."

"그런 사람의 눈은 사람의 눈이 아니에요."

"톰을 몰아 내야 해요."

성이 난 사람들은 톰의 집으로 몰려갔습니다. 톰이 울면서 용서를 빌었지만 이미 늦었습니다.

전해져 내려오는 이야기에 의하면 사람들은 톰의 눈을 멀게 해 버렸다고 합니다. 그리고 부인의 거룩한 희생을 기념하기 위해 기념 은화를 만들었습니다.

그 은화에는 '모두의 행복을 위하여'라는 글을 예쁘게 새겨 넣었습니다.

'모두의 행복을 위하여'가 새겨진 잉글랜드의 은화는 이런 숭고한 사랑을 담고 세상에 태어난 것입니다.

♥ 사람들이 영주 부인을 기념하기 위해 한 일은 무엇입니까?

'타인 존중'이란 다른 사람을 존중하는 것을 말합니다. 공연히 다른 사람을 의심하는 행위는 다른 사람의 인격을 짓밟는 행위입니다.

명언 한 마디!

백지장도 맞들면 낫다. 

- 한국 속담 -

"사람이면 모두 다 사람이냐, 사람다워야 사람이지."하는 말이 있습니다. 사람은 남과 더불어 살아가는 존재입니다. 다른 사람의 처지는 아랑곳없이 자신의 잇속만 차린다면 결코 이 사회는 평화로운 사회가 될 수 없습니다. 남의 괴로움과 슬픔도 함께 나누며 살아갈 때 우리 사회는 진정 너와 내가 더불어 행복하고 아름다운 사회가 될 수 있습니다.

아무도 모르게 도와 준 젊은이

가엾은 고아 소년이 있었습니다. 고아 소년은 먹을 것도 없고 잠을 잘 집도 없어서 거리를 헤매고 다녔습니다.

마음씨 좋은 상인이 그 소년을 눈여겨보고 있다가 물었습니다.

"집이 없는 모양이구나. 부모님은?"

"모두 돌아가셨어요."

"저런……. 나랑 우리 집에 갈래? 가서 따뜻한 밥을 줄게."

상인은 소년을 친아들처럼 정성껏 보살펴 주었습니다.

소년은 잘 자랐습니다. 잘 자라 훌륭한 젊은이가 되었습니다.

“자, 이제 너도 자랄 만큼 자랐으니 네 스스로 살아 봐라. 돈은 대어 주마.”

젊은이는 상인의 집을 나와 사업을 시작했습니다. 착하고 성실한 그 젊은이는 하는 일마다 성공을 거두었습니다.

그런데 그 젊은이를 훌륭하게 키운 마음씨 착한 상인은 점점 형편이 어려워졌습니다. 그렇게 잘 되던 장사가 안 되어 가난뱅이가 되고 말았습니다.

‘이거 큰일났군! 이제는 어디 가서 돈을 꾸어 올 데도 없으니…….’

상인은 할 수 없이 자기가 키운 그 젊은이를 찾아가 도움을 청하기로 하였습니다.

‘그 애는 이제 부자가 됐으니 나를 도우려고만 하면 도울 수 있을 거야. 이렇게 불쑥 찾아가서 미안하지만…….’

상인은 이렇게 생각하며 그 젊은이를 찾아갔습니다.

“어서 오십시오. 제가 자주 찾아뵙지 못해 죄송합니다.”

젊은이는 하던 일을 다 제쳐 두고 상인을 맞았습니다. 두 사람은 오랜만에 옛 이야기를 하며 즐거워했습니다.

시간은 흘러 차까지 마셨으니 이제는 일어서야 하는데, 상인은 돈 이야기를 하지 못하고 고민만 하고 있었습니다.

눈치가 빠른 젊은이가 먼저,

"저에게 무슨 부탁이라도 있으신지요?"

하고 입을 떼었습니다.

젊은이는 상인이 어렵게 되었다는 이야기를 소문으로 듣고 어떻게 도와 드릴까 생각하던 중이었습니다.

"말씀해 보십시오. 어려워 마시고요."

젊은이가 다시 재촉했을 때 비로소 상인은 마지못해 입을 열었습니다.

"자네에게 정말 미안하네. 사실은 하는 일이 잘 안 되어 집 하나만 남았다네. 다시 일을 시작하려고 해도 돈이 있어야 하지. 그래서 좀……."

상인은 차마 돈을 꾸어 달라고는 못 하고 말끝을 흐렸습니다.

"아니, 그 정도로 어렵게 되었나요? 그 정도인 줄은 몰랐습니다. 죄송합니다……."

"그래서 말인데 돈을 좀 꾸어 줄 수 있겠나?"

상인이 다시 이렇게 말하는데 젊은이는 마음이 아팠습니다.

'얼마나 힘들었으면 나에게 이런 부탁을 다 하러 오셨을까? 생각 같아서는 지금 당장 돈을 드리고 싶지만 그럼 이 분이 무척 비참해하실 거야.'

💙 마음씨 좋은 상인은 고아 소년을 어떻게 키웠습니까?

혼자 이렇게 생각한 젊은이는 조심스럽게 입을 열었습니다.

"진작 오시지 않고요. 돈이 있었는데 마침 친구가 빌려 달라고 해서 빌려 주었습니다. 며칠만 기다려 주십시오."

"고맙네. 잘 쓰고 꼭 돌려 주겠네."

상인이 돌아가자 젊은이는 곧 하인 중에서 어린 하인을 불러 허름한 옷을 입혔습니다. 그리고 귓속말로 일렀습니다.

"자, 그럼 이 진주를 가지고 아까 그 어른의 집으로 가거라. 그 어른이 눈치채지 않도록 해야 한다."

"주인님, 걱정 마세요."

집을 떠난 어린 하인은 상인의 집 앞에 도착하자 그 곳에서 서성댔습니다.

"누군데 우리 집 앞에서 서성거리느냐?"

이상하게 여긴 상인이 나와서 물었습니다.

"예, 좋은 진주가 있는데 급해서 싼 값에 팔려구요"

어린 하인은 진주를 들어 보이며 말했습니다.

"아이쿠 이거 정말 좋은 진주로구나! 이걸 싸게 판다고? 얼마에 팔 건데?"

"1데나리온만 주세요. 여행 중에 돈이 떨어져서요. 제 아버지는 부자여서 집에 가면 얼마든지 있습니다. 제가 1데나리

온에 판다니깐 그렇게 싼 진주는 가짜라며 아무도 안 사잖
아요. 어르신, 이거 가짜 아닙니다.”

“알고 있네. 나도 진주는 좀 볼 줄 알지. 근데 정말 1데나
리온에 팔 건가? 이거 비싼 건데⋯⋯.”

“팔고말고요. 이제야 진짜 진주를 아는 분을 만나 기쁩니다.”

‘다행히 나에게 1데나리온 정도는 있으니깐 사 둘까? 어쩜
이익을 남기고 팔 수 있을지도 모르니까⋯⋯.’

상인은 이런 생각을 하며 진주값을 치렀습니다.

어린 하인은 얼른 달려가 그대로 보고하였습니다.

며칠 후 젊은이는 나이가 제법 지긋한 하인을 불러 좋은
옷을 입혔습니다.

“내가 하는 말을 잘 듣게. 자넨 이제부터 진주를 사러 다니
는 보석상이야.”

젊은이는 진주를 사는 요령을 가르쳐 주고 상인의 집으로
보냈습니다.

부자로 변장한 하인은 상인의 집을 찾아가 점잖게 말했습니다.

“안녕하십니까? 저는 진주를 사서 모으는 취미를 가지고
있습니다. 좋은 진주를 가지고 계시다는 소문을 듣고 왔습
니다만⋯⋯.”

💙 가난하게 된 상인은 왜 젊은이를 찾아가는 것을
주저하였습니까?

"아이고, 친구들에게만 자랑했는데, 벌써 소문이 퍼졌습니까? 좋은 진주가 있기는 하지만 마음에 드실지……."

상인은 며칠 전 어린 하인이 팔고 간 그 진주를 보여 주었습니다.

나이 지긋한 하인은 깜짝 놀라는 척하며 말했습니다.

"이렇게 좋은 진주를 가지고 계시다니! 저에게 파세요."

"맘에 드세요?"

"맘에 들다마다요. 이런 진주는 처음입니다. 이 은은한 빛을 좀 보세요."

"좋다고 생각하기는 했지만……."

"제발 저에게 팔아 주십시오. 제가 1,000데나리온을 드리겠

습니다."

‘세상에!’

상인은 기꺼이 그 진주를 팔았습니다.

나이 든 하인은 그 진주를 젊은이에게 가져다 드렸습니다. 그리고 있었던 일을 자세히 이야기하였습니다.

‘됐다. 그 정도면 무슨 일이든 하실 수 있을 거야.’

진주를 팔아 거금을 쥐게 된 상인은 이튿날 젊은이를 찾아왔습니다.

"여보게, 돈을 꾸어 주지 않아도 되네. 나에게 갑자기 돈이 생겼어."

상인은 진주를 싸게 사서 비싸게 팔았다며 아주 즐거워하였습니다.

"그렇습니까? 어르신께서 워낙 좋은 일을 많이 하셔서 하느님이 도와 주셨군요."

"좋은 일은 무슨……. 아무튼 너무 기쁜 일이야."

상인은 도움을 받지 않게 되어 몹시 기뻐하였습니다. 젊은이는 젊은이대로 자기를 잘 키워 준 어른을 자존심 상하지 않게 돕게 되어 기뻤습니다. 두 사람은 서로 기쁨을 나누며 즐거워하였습니다.

♥ 젊은이는 왜 몰래 상인을 도왔습니까?

'상부 상조'란 서로 서로 돕는 것을 말합니다. 서로 돕고 사는 인간 관계야말로 아름다운 사회를 건설하는 밑거름입니다.

요강 닦는
교장 선생님

초판 1쇄 발행 | 2005년 6월 20일
초판 4쇄 발행 | 2012년 5월 10일

기획 | 청소년인성문고편찬회
글 | 김종상 소중애 송재찬 엄기원 정영애 홍기
그린이 | 조사빈
표지디자인 | 강대현

펴낸이 | 조병철
펴낸곳 | **한국독서지도회**
등 록 | 1997년 4월 11일 (제406-2003-016호)
주 소 | 경기도 파주시 교하읍 문발리
　　　　출판문화정보산업단지507-11
TEL | 031-955-8500
FAX | 031-955-8447
홈페이지 | www.homebook.co.kr

◆ 이 책 내용의 일부 또는 전부를 사용하려면 반드시
　 저작권자의 동의를 얻어야 합니다.
◆ 책값은 뒤표지에 있습니다. 잘못된 책은 바꾸어 드립니다.

ⓒ 2005 한국독서지도회

ISBN 89-7788-276-1